Ferdinand Falkson

Die liberale Bewegung in Königsberg - 1840-1848

Ferdinand Falkson

Die liberale Bewegung in Königsberg - 1840-1848

ISBN/EAN: 9783743628113

Hergestellt in Europa, USA, Kanada, Australien, Japan

Cover: Foto ©ninafisch / pixelio.de

Weitere Bücher finden Sie auf **www.hansebooks.com**

Die liberale Bewegung in Königsberg.

Die
liberale Bewegung in Königsberg

(1840—1848).

Memoirenblätter

von

Ferdinand Falkson.

Breslau
Druck und Verlag von S. Schottlaender
1888.

Inhalt.

I.

Die Königsberger Universität am Ausgange der dreißiger Jahre.

Zu dreien Malen ist von Königsberg, der alten Krönungsstadt, von der äußersten Ostmark unseres deutschen Vaterlandes, das Signal zu einer Erhebung der Geister, sodann zur Befreiung des Vaterlandes von dem unerträglichen Drucke der Fremdherrschaft, endlich zur freiheitlichen Gestaltung des Staates ausgegangen. Im vorletzten Decennium des 18. Jahrhunderts stellte hier Immanuel Kant, ohne Vergleich Königsbergs größter Sohn, die Tragweite und das Erkenntnißvermögen der reinen Vernunft in bisher ungekannter Geistesschärfe und überzeugender Beweisführung fest, zog die philosophische Summe des Jahrhunderts der Aufklärung und gründete vor Allem das Sittengesetz auf dem unzerstörbaren Fundamente des Gewissens.

Mehr als drei Jahrzehnte später, ging von hier der Weckruf zur Abschüttelung des unerträglichen Joches fremder Unterdrückung aus, wurden die Grundzüge des volksthümlichen Instituts der Landwehr aufgestellt und somit der rettenden That des Generals York die moralische Stütze gegeben.

Man kann jener Zeiten nicht gedenken, ohne sich der rühmlichen Namen Dohnas, Schöns, Auerswalds, Heidemanns, des Oberbürgermeisters von Königsberg, zu erinnern. Und zum dritten Male erscholl von hier, fast drei Jahrzehnte später, der laute Ruf nach einer verfassungsmäßigen Betheiligung des Volkes an Gesetz-gebung und Verwaltung, ward eine schöne und erhebende, gesetzliche Bewegung, sich in immer größere Volksschichten ausbreitend, eingeleitet, welche im deutschen Volke all-gemeine Aufmerksamkeit und Sympathie erregte. Es war der Moment, als Johann Jacobys Name zuerst genannt und gepriesen wurde. In diese letzte Epoche fallen meine letzten Jünglings- und ersten Mannesjahre. Von Denen, welche sich an dieser Bewegung betheiligten, ist die überwiegende Mehrzahl bereits gestorben. Unter den wenigen Ueberlebenden bin ich vielleicht der Einzige, welcher in den vier seitdem verflossenen Decennien un-unterbrochen im politischen Parteileben thätig geblieben ist — bei den tiefen Zerwürfnissen und schlimmen Ketzerstreitigkeiten, innerhalb der liberalen Partei, allerdings nicht ohne große Selbstüberwindung.

Es steht mir somit ein vergleichender Ueberblick über die Fortentwickelung des Parteilebens seit jenen Anfängen zu Gebote. Mich dünkt, daß eine Schilderung der denkwürdigen, lokalen Ereignisse, eine Charakteristik der leitenden Persönlichkeiten, die Erzählung wenig bekannter oder gänzlich unbekannt gebliebener Züge aus jener Zeit nicht gänzlich des Interesses der Zeitgenossen entbehren dürfte. Zudem habe ich von zahlreichen, inzwischen berühmt gewordenen Persönlichkeiten die ersten Anfänge zu berichten. Mein Unternehmen ist von mannigfachen Schwierigkeiten umgeben, welche nur unparteiische Wahrheitsliebe zu überwinden vermag. Die Kaffeekannen-Weisheit des „de mortuis nil nisi bene" muß mir ebenso fern bleiben, als Voreingenommenheit, persönliche Sympathie oder Antipathie, vor Allem aber die Parteibrille, die Vieles verzerrt und Manches gar nicht sehen läßt.

Johann Jacoby sagte mir einmal, daß seine Generation ihr politisches Interesse vom Jahre 1830, dem Jahre der Julirevolution, die meine vom Jahre 1840, dem Jahre der Thronbesteigung Friedrich Wilhelm IV., herleite. Diese Meinung mag im Ganzen zutreffend sein, aber die ersten Vorboten politischen Interesses gingen für uns dem Jahre 1840 bereits voraus. Ich erinnere mich genau, daß schon im Jahre 1837 die Vertreibung der sieben Göttinger Professoren nach dem Staatsstreiche Ernst Augusts von Hannover in unserer Jugend, selbst auf den Schulbänken, die äußerste Entrüstung erregte, wozu vielleicht die Sympathie der Jugend mit so populären Männern, wie die Brüder Grimm, mehr beigetragen haben mag, als klares, politisches Verständniß. Einer der sieben war ein Landsmann aus der Provinz Preußen, Professor Albrecht aus Elbing. Eine Sympathie-Adresse der Elbinger verhalf bekanntlich dem Minister von Rochow zur Erfindung des „beschränkten Unterthanenverstandes", eines seitdem geflügelten Wortes, das seine Spitze freilich nicht gegen die Unterthanen richtete. Im folgenden Jahre 1838 brach unter den Königsberger Studenten eine mächtige Bewegung aus, welche den Unabhängigkeitssinn der akademischen Jugend wesentlich erhöhte. Sicherlich soll der Student verständigerweise keine Politik treiben; weder ihm, noch der Politik, hat dies je zum Segen gereicht. Andererseits können wichtige, politische Ereignisse an dem empfänglichen Sinne der Jugend nicht spurlos vorübergehen; es ist begreiflich, wenn sie in aufgeregten Zeiten Feuer fängt. Aber nicht hierum handelte es sich zunächst im Jahre 1838. Dies Jahr ist deshalb von Wichtigkeit, weil die damaligen Studenten die empfangenen Eindrücke später in's Leben hinübertrugen.

Der Königsberger Student von damals war eine eigenthümliche Erscheinung. An kleinen Universitäten tritt der Student naturgemäß in den Vordergrund. Die Bürgerschaft ist schon mit ihren materiellen Interessen an ihn geknüpft. In der Großstadt verschwindet er in einer aus den verschiedensten Berufskreisen gegliederten Bürgerschaft. Anders damals in Königsberg. Die Stadt zählte damals etwa 70 000 Einwohner. Sie hatte vorwiegend den Charakter der Beamten= und Universitätsstadt. Handel und Industrie waren nicht so entwickelt, wie heute. Der Student stand damals im Mittelpunkte der Gesellschaft. Die regelmäßigen, studentischen Gartenconcerte und Winterbälle waren das beliebteste Rendezvous der Beamten= und Bürgerfamilien, der Student der beliebteste Gesellschafter. Ueberall trat er in den Vordergrund, gehätschelt und verwöhnt, voll von Standesvorurtheilen. Mit einer Verachtung und Geringschätzung, die uns heute unbegreiflich scheinen, blickte er auf die Jugend anderer Stände. Sein hauptsächlicher Haß traf den Handlungsgehilfen, den Commis. Wie gründlich sich diese Verhältnisse geändert haben, wie sie glücklicherweise auf Nimmerwiederkehr geschwunden finb, lehrt ein Blick auf unsere heutigen Bildungsvereine. Im Kaufmännische- und Handwerkerverein hält der Gelehrte mit Vorliebe seine Vorträge. Ausgleichung der Standesunterschiede steht auf der Fahne jedes dieser Vereine und der Zweck ist in erfreulicher Weise fast vollständig erreicht. Der Student von heute ist in die große Masse der Bürgerschaft fast vollständig zurück= getreten. Aber auch damals war es nur ein Theil der Studentenschaft, der dieser gesellschaftlichen Privilegien theilhaftig wurde.

Man mußte Mitglied einer Landsmannschaft sein, um für vollgiltig angesehen zu werden. Der keiner Verbindung Angehörige war nur ein Student zweiter Klasse. Zu den studentischen Festen hatte er Zutritt, sein Geldbeitrag ward angenommen, aber auf irgend eine Charge hatte er keinen Anspruch. Zudem war er jedem Uebermuthe der Ueberhebung ausgesetzt. Das ging so lange, als die Nichtverbindungsstudenten als Einzelne einer organisirten Corporation gegenüber standen. Die Sachlage mußte sich ändern, wenn sie sich selbst organisirten. Und diesen Tag brachte der Spät= herbst des Jahres 1838. In einer allgemeinen Studenten= Versammlung brachten sie ihre Beschwerden vor, um mit Hohn zurückgewiesen zu werden. Stehenden Fußes be= gaben sie sich, übrigens die Majorität der ganzen

Studentenschaft, in ein anderes Versammlungslokal und
constituirten sich als Burschenschaft Albertina (dies war
der Name der Königsberger Universität nach ihrem
Stifter, Herzog Albrecht). Als Macht zu Macht unter=
handelten sie nunmehr mit den Landsmannschaften und
nach längerem Verlaufe trat ein leibliches Verhältniß
ein. Was die neue Burschenschaft auszeichnete, war ein
frisches, geistiges Leben, poetische und künstlerische
Neigungen, wissenschaftliches Streben. Die Kneipe und
der Fechtboden spielten nicht mehr die Hauptrolle, so
wenig sie vernachlässigt wurden. Die große Burschenschaft
gliederte sich in eine Zahl kleiner Verbindungen, das
einigende Centralorgan blieb stets die allgemeine Ver=
sammlung. Die weitaus bedeutendste unter diesen kleinen
Verbindungen war die Hochhemia. Die Verbindung
bestand nur neun Jahre, aber eine ungewöhnlich große
Zahl berühmter und verdienter Männer ist aus ihr
hervorgegangen. Ich habe eine heilig gehaltene Reliquie
der Verbindung, ihr Album, neulich in Händen gehabt.
Die Durchsicht des Buches, die Wiederbelebung des
Jugendtraumes, die bekannten Embleme, das Farbenband,
die gekreuzten Schläger — der ganze Eindruck ist ein
berauschender:

„Gleich einer alten, halbverklungnen Sage
Steigt erste Lieb' und Freundschaft mir herauf."

Noch heute versammeln sich am Stiftungstage, dem 3. December, die Trümmer der einst so stattlichen Verbindung in Königsberg wie in Berlin zu einem einfachen Festmahle, fast Alle weißhäuptig, kaum Einer weniger als sechzigjährig, die ältesten angehende Siebziger. Wehmüthig tauschen sie ihre Beglückwünschungs-Telegramme aus, eine sich jährlich lichtende Schaar. Schon denkt man an den Verbleib des kostbaren Albums, wem es zu hinterlassen, wo es aufzubewahren sei.

Lassen wir die bekanntesten Namen der alten „Hochheimer" Revue passiren.

Eines der ältesten Mitglieder war Julian Schmidt, der bekannte Literarhistoriker*). Unter Jünglingen pflegt gewöhnlich sich Ansehen zu erwerben, wer sich durch äußerliche Vorzüge, hohe Gestalt, Meisterschaft in Leibesübungen auszeichnet. Bei Schmidt war nichts dergleichen zu finden. Klein, unansehnlich, ohne Anmuth der Formen, ohne Gewalt der Rede, gewann er schnell durch geistige und Charakterüberlegenheit ungewöhnliches Ansehen. Seine Kenntnisse waren umfassend, sein Urtheil scharf und schonungslos. Er war eine wesentlich kritisch-polemische Natur, dazu geschaffen, literarische Streitigkeiten hervorzurufen und durchzufechten. Während

---

*) Julian Schmidt ist bekanntlich vor einigen Jahren in Berlin verstorben.

Viele von uns noch für die Ritter und Burgen des
Mittelalters schwärmten, war er bereits politisch gereift
und sah in einem seiner Jugendgedichte die Erlösung der
Menschheit im — Laternenpfahl. So grimmig war er
in gährender Jugend. Jeder hat eben seine Sturm- und
Drangperiode, verschieden geartet nach Temperament,
Anlage und Erziehung, wenn man will, seine Kinder-
krankheit, und die eine ist nicht schlimmer als die andere.
Das Leben und die angesammelte Fülle von Erfahrungen
gleichen Alles wieder aus, und Schmidt hat sich viel
schneller abgeklärt und gründlicher moderirt, als die
meisten von uns.

Einen scharfen Gegensatz zu ihm bildete Albert
Dulk. Unruhig, exaltirt, mit einem Uebermaß von
Körperkraft und Jugendmuth ausgestattet, erschien er
Vielen wie ein aufsteigendes und zeitweilig verschwindendes
Meteor. Einigen, zu denen auch ich gehörte, war er
eine überaus anziehende und bezaubernde Erscheinung.
Aber tief in seiner Brust verbarg er, was später
hervorbrechen sollte, eine Fülle umstürzender und ver-
wirrender Ideen, denen zur Wirklichkeit zu verhelfen der
unruhige und wechselvolle Kampf seines ganzen Lebens
war. Von der Welt unbefriedigt und abgestoßen, suchte
er, früh ausscheidend, Einsamkeit in wilder Natur oder
bei primitiven Völkerschaften. Von den Beduinen des

Orients kehrte er dann unerwartet zurück, blieb wenige Jahre seßhaft. In seinem Salon verlebte ich manch frohen Abend mit Gottschall und Walesrode. Auf's Neue verläßt er uns und lebt Jahre lang einsam mit Weib und Kindern im Hochgebirge des Waadtlandes, bis Stuttgart, dann Untertürkheim seine bleibende Stätte werden. Von hier aus, nachdem er schon früher in seinem Drama „Orla" urkräftig die Grundlagen seiner Weltanschauung, oft mit hinreißendem poetischen Zauber gezeichnet, entsendet er nun eine Fülle religiös-philo-sophischer und socialdemokratischer Schriften. Himmel-weit von ihm nach unseren politischen und socialen Grundsätzen getrennt, bewahrten wir ihm doch stets ein liebevolles Andenken und weihten seinem schnellen Hin-scheiden wehmüthige Theilnahme. Sicher hatte der Zauber seiner Persönlichkeit ihm auch im Schwabenlande eine große Gemeinde begeisterter Anhänger gewonnen.

Ein Dritter, der die Welt mit seinem Namen er-füllen sollte, war Friedrich Kreissig, der anerkannte Literarhistoriker und Shakespeare-Erklärer. Er lernte früh den Kampf des Lebens kennen und war Volksschul-lehrer, bis er spät mit eiserner Willenskraft nach zurück-gelegtem Abiturienten-Examen sich zur Universität emporschwang. Erstaunlich war die Frische, die ihm nach solchen Kämpfen geblieben war. An allen Freuden des Studentenlebens nahm er lebendigen Antheil. Seine großen pädagogischen Verdienste, seine umfassenden Kenntnisse ließen ihn schnell zuerst in Elbing, dann in Kassel, zuletzt in Frankfurt a. M. zu bedeutenden Lehrerstellungen emporsteigen. Sein reger Mittheilungstrieb, seine reine patriotische Gesinnung trieben ihn im späteren Mannesalter, im Westen und Süden des deutschen Vaterlandes die noch widerwilligen Herzen für Kaiser und Reich zu gewinnen, und besonders nach der Spaltung der liberalen Partei Interpret der großen Ereignisse zu sein, welche das Reich begründeten. Ueberall fand seine hinreißende Beredtsamkeit begeisterte Aufnahme. Auch ihn hat uns ein früher Tod auf der Höhe seines Wirkens entrissen.

Eine der originellsten Erscheinungen war Eduard Wessel. Hüne von Gestalt, von martialischem Aussehen, das eine gewaltige Schmarre noch erhöhte, war er einfach und gutmüthig wie ein Kind, von Allen geliebt, denn Niemand konnte dem Zauber seines biederen Wesens, der reinen Wahrhaftigkeit seines Sinnes widerstehen. Sein Wissen war colossal, sein Gedächtniß so wunderbar, daß er ihm Proben zumuthen konnte, die kaum geglaubt werden würden, wenn nicht dafür unverdächtige Zeugnisse vorlägen. Der kernige biedere Ostpreuße wählte Wien zu seiner zweiten Heimat und entfaltete dort eine reiche, journalistische Thätigkeit. Der Eindruck der Wiener Ereignisse im October 1848, der ihm stets gegenwärtig blieb, gab ihm bald eine sehr gemäßigte, politische Richtung, aber seine politische Thätigkeit war nicht die Hauptseite seines Lebens. Er ward Freund und Lehrer der Jugend. In den angesehensten Familien Wiens warb man um seinen Unterricht und er ward Freund seiner Schüler auf Lebenszeit, die, längst dem Unterricht entwachsen, ihn nimmer von ihrer Seite lassen wollten, nicht in der Heimat, nicht in der Villeggiatur oder auf weiten Reisen. So ward der Ostpreuße der Abgott eines großen Freundeskreises in Wien. Sein früher Tod erregte allgemeine Theilnahme, die bedeutendsten Zeitungen Wiens widmeten ihm innige und anerkennende Worte des Nachrufs.

Als treuer Freund hatte sich ihm ein anderer Hochheimer, Ludwig Friedländer, zugesellt, der bald durch bedeutende philologische und archäologische Werke sich einen glänzenden Ruf in der gelehrten Welt erobern sollte. Er war Jahre lang Nachfolger seines großen Lehrers Lobeck auf dem Lehrstuhle der Beredtsamkeit und feierte die großen Festtage der preußischen Geschichte, wie den Krönungstag des ersten Königs von Preußen, durch Redeacte, die stets die größte Aufmerksamkeit der gebildeten Kreise erregten. Ein liebenswürdiger Zug

zeichnete ihn besonders aus: das Organ der Freundschaft
war bei ihm hoch entwickelt. Die fernen Genossen der
Verbindung zu besuchen, die hiesigen in seinen Umgang
zu ziehen, war ihm Herzensfreude.

Seinem Herzen am nächsten aber standen zwei alte
Hochheimer, denen es zugleich beschieden war, im Staate
die höchste Staffel der Beamtenschaft zu ersteigen:
Keudell und Hobrecht. Mit ihnen hatte ihn frühe
Jugendfreundschaft verbunden, die im Laufe der Jahre
niemals unterbrochen wurde. Robert von Keudell, den
wir nur kurze Zeit den Unsrigen nannten, war Allen
durch die außerordentliche Frische seines Wesens, seine
Offenheit und Ehrlichkeit früh sympathisch. Er war das
Musterbild eines ostpreußischen Edelmannes. Hätte man
einen Beruf ausfindig machen sollen, für den sein ganzes
Naturell am wenigsten angelegt schien, das zu seinem
Charakter in verzweifeltem Gegensatze stand, so war es
gewiß der Beruf des Diplomaten, der nun doch gerade
der seinige wurde. Aber der Widerspruch besteht nur,
wenn man an den Diplomaten der alten Schule denkt,
dessen Symbol das Wort Talleyrands ist: les paroles
sont faites, pour cacher nos pensées; er löst sich,
wenn man erwägt, daß die Signatur der Politik
Bismarcks gerade die größte Offenheit ist. Zu einem
solchen Herrn und Meister konnte sich Keudell gesellen.

2*

Von gleicher Jugendfrische und Offenheit war Hobrecht, eine gesellige und liebenswürdige Natur. Eine neue Welt eröffneten uns die beiden Commilitonen, wenn sie uns Mendelssohn'sche Duette sangen, für uns ein Neues und Unerhörtes. Keudell, bekanntlich einer der größten Klavierspieler der Gegenwart, entzückte uns schon damals, wenn er uns die eben erst veröffentlichten Mendelssohn'schen Lieder ohne Worte vorspielte. Einigen unter uns passirte es wohl, daß wir Beide erst nach vierzig Jahren zum ersten Male wiedersahen — den Minister und den Botschafter, wir einfache Landpastoren, Amtsrichter oder praktische Aerzte. „Ich bin der Knopf nicht auf Fortunas Mütze," so sagten wir uns. Es ist bei einem solchen Begegnen nach einem Menschenalter wohl menschlich, daß man sich zunächst passiv verhält und die Initiative des alten studentischen Du dem Andern überläßt. Das ist Sache des natürlichen Anstands= und zugleich Selbstgefühls. Aber da gab es keine Täuschung. Sofort erfolgten Handschlag, Du und Anrede bei dem alten Kneipnamen. Es waren die braven Burschen von damals.

Waren dies unsere Hochheimer, so entbehrten die landsmannschaftlichen Verbindungen, wie die anderen kleinen Verbände innerhalb der Burschenschaft Albertina durchaus nicht ausgezeichneter, später berühmt ge=

wordener Mitglieder. Da war in der Landsmannschaft
Masovia Ferdinand Gregorovius, still und sinnig.
Keiner ahnte in ihm den tiefen Zug nach dem Süden,
nach den hesperischen Gefilden. Nachdem er die Universität verlassen, gab er erst vielversprechende Proben
seines hervorragenden, poetischen Talents. Endlich gelang es ihm, „den lastenden Nebeln des Nordens" zu
entfliehen und Rom zu seiner zweiten Heimat zu
machen. Die neue Heimat hat ihn als ihren Ehren-
bürger anerkannt. Von hier aus beschenkte er sein
Vaterland mit monumentalen Werken. Oft empfing
ich von ihm ein Lebenszeichen altbegründeter Freundschaft, und er hob mir gern die Leichtlebigkeit des Südens
gegenüber der Lebensschwere in Deutschland, selbst Süd-
deutschland, hervor.

In der Landsmannschaft Lituania war Wilhelm
Jordan, der berühmte Epiker und feinsinnige Lustspiel-
dichter. Er stand damals in seinen Anfängen, gab ein
Heftchen von Gedichten über die Gemälde der eben erst
bei uns neugeschaffenen Kunstausstellung heraus, aber
in seinem unternehmenden Kopfe waren schon große und
umfassende Pläne erfaßt. Karl Rosenkranz erkannte das
junge Talent, das allerdings noch mit „der littauischen
Erdschwere" zu ringen habe.

In der Verbindung Pappenheimia, welche der großen

Burschenschaft Albertina angehörte, erregte früh Heinrich
Schöndörffer Aufmerksamkeit. Aus dem flotten
Studenten ward ein publizistisches Talent ersten Ranges.
Nach mannigfachen Fehlschlägen und Schicksalswechseln
schloß er mit dem Amte des ständigen Sekretärs der
Königsberger Kaufmannschaft ab, welche ihm die aus=
gezeichnetsten Denkschriften und wirthschaftliche Ab=
handlungen von wunderbarer Klarheit verdankt. Nichts
hat zum bedeutenden Rufe des Königsberger Vorsteher=
amtes in Deutschland mehr beigetragen, als Schön=
dörffers glänzende Feder.

Als der jüngste der Genossen jener Zeit trat
Rudolf Gottschall hervor, der bei uns das neueste
Genre der poetischen Produktion, die politische Lyrik
vertrat und bald sehr anerkannt wurde. In jener Zeit
war er noch in voller Sturm= und Drang=Periode.
Niemand hätte in diesem Gähren und Brodeln damals
die abgeklärte Zukunft vorhergesehen; neben der poetischen
Produktion, die ich nicht für das Höchste seiner Leistungen
halte, die gedankenreiche und wohldurchdachte journa=
listische Thätigkeit, den wissenschaftlichen Fleiß, mit dem
er unsere poetischen und literarischen Schätze in sehr
anerkannten Werken abwog und sichtete.

Unsere Universität ward damals viel mehr als
heute im Zeitalter der Eisenbahnen von fremdländischen

Studenten besucht. Sie war das Eldorado der Astro-
nomen und Mathematiker. Die großen Namen von
Bessel und Jacobi (dem Mathematiker) zogen besonders zahlreiche Schweizer herbei, die nachher an den
Universitäten und Sternwarten ihres Vaterlandes bedeutende Stellungen einnahmen. Neben Schweizer
(später Professor in Moskau) und Schinz trat die
elegante Erscheinung Plantamour's aus Genf hervor,
bald des Lieblings unserer Gesellschaft, besonders ihres
schöneren Theils. Plantamour starb vor Kurzem als
Direktor der Sternwarte in Genf. Und die originellste
Erscheinung, Wenigen bekannt, habe ich mir auf das
Letzte aufgespart. Wenigen bekannt; denn er gehörte
keiner Verbindung an, und seine bescheidene Zurückhaltung beschränkte ihn auf wenige Freunde. Ich meine
Robert Schlesius. Einfach von Sitten, schweigsam,
von fabelhafter Bedürfnißlosigkeit, unbehilflich im geselligen Umgange und der Aussprache seiner Gedanken,
barg er in sich einen Schatz von Kenntnissen und
Talenten, welche zu entdecken, es bei seiner Bescheidenheit
des Zufalls bedurfte. Glänzender Klavierspieler, entzückte er seine wenigen Freunde, zu denen auch ich mich
zählen durfte, durch seinen eindrucksvollen Vortrag.
Er studirte die Rechte und hatte das Referendarien-
examen bestanden, als er kraft eines der wunderbaren

Quersprünge seines originellen Charakters an einem
schönen Tage sich entschloß, kühn und mit Todesver-
achtung die Subalternkarriêre zu erwählen. Er ward
bald in einem einsamen Neste Kreisgerichtssekretär und
lebte einsam, zufrieden, bedürfnißlos, nur daß er sich in
seinen Mußestunden damit beschäftigte, italienische und
spanische Dichter metrisch zu übersetzen. Endlich ließ
ihn das Studium des Sanskrit entdecken, daß Friedrich
Rückert's Uebersetzung von „Naal und Damajanti"
nicht allen Anforderungen genüge, und er entschloß sich,
diese Aufgabe nunmehr selbst auf sich zu nehmen,
natürlich ohne den Gedanken, je etwas zu veröffentlichen.
So viel Talent zehrt sich bei uns im Stillen auf, und
so viel Gutes stirbt unerkannt dahin.

Ehe ich die studentische Welt verlasse, muß ich noch
eines englischen Hochadligen erwähnen. Wie er nach
unserer ultima Thule hinverschlagen, darüber ist noch
jetzt ein nicht mehr zu enthüllender Schleier aus-
gebreitet. Man sagte damals, daß Lord Fitz-Morris
von seinem Vater hierher verbannt sei. Weshalb, darüber schweigt die Geschichte. Man erzählte bald, daß
er bei unserem allbeliebten Conditor Pomatty, fürwahr
dem Könige aller Conditoren, einmal für wenige Groschen
Kuchen verzehrt und zur Zahlung eine 100 Pfd. Ster-
ling-Banknote präsentirt habe. Als Pomatty ihm er-

klärte, daß er außer Stande sei, ihm den Rest in baarer Münze herauszugeben und die Banknote zurückstellte, verweigerte Mylord die Annahme mit den in gebrochenem Deutsch gesprochenen Worten: „Lassen Sie! ich werb's abessen."

So bunt gemischt war das lustige, studentische Völkchen, das bei Tage und so oft auch in der Nacht unsere schlechtgepflasterten, holprigen, bergigen Straßen durchzog oder in primitiven Gaststuben, in Tabaksrauch= wolken gehüllt, singend und lärmend vor dem dunkeln einheimischen Gebräu saß, wohl auch, wie unsere Hoch= heimer, in auserwähltem kleinen Kreise, klassische Dramen mit vertheilten Rollen las oder bei heruntergebrannten qualmenden Talglichtern eigene poetische Produkte aus= tauschte, unbekümmert um Beifall oder einschläfernde Wirkung, zuweilen mit eigenthümlichen Gästen, wie die beiden Grafen Bninsky aus der Provinz Posen, hoch= aristokratischen Erscheinungen, welche sich später für die gebotenen frugalen Genüsse durch ein splendides Souper für die ganze Verbindung revanchirten. Beide Grafen waren sieben Jahre später in den großen Hochverraths= prozeß der Polen verwickelt. Bei uns kamen durch sie polnische Dinge niemals zur Sprache, für die wir auch in unserem ausgesprochenem deutschem Sinne keine Sympathien gehabt hätten.

Seit dem Jahre 1818 feierten die Studenten der Albertina an jedem 18. Juni den Jahrestag der Schlacht bei Waterloo. Man fuhr in vollem Wichs nach dem drei Meilen von Königsberg sich erhebenden Galtgarben= berge, der höchsten Spitze des ostpreußischen Sam= landes. Auf Waldwegen steigt man zum Gipfel empor, von dem sich ein bezaubernder Fernblick auf blühende Gelände, lachende Fluren und das Meer im Hinter= grunde eröffnet. Dort oben auf dem breiten Plateau des Gipfels ist ein Grabdenkmal für die gefallenen Krieger und dort erhebt sich ein riesiges, eisernes Kreuz und man liest ringsum von schwarzen Täfelchen die Namen und Daten der Schlachten der Befreiungskriege. Seit der Spaltung des Jahres 1838 feierten Landsmann= schaften und Burschenschaft gesondert ihr Galtgarben=Fest, also an verschiedenen Tagen. In feierlichem Zuge mit wehenden Fahnen, den Schläger gezogen, wallfahrtet die Schaar zum Berggipfel, droben wird eine Rede an dem Grabdenkmal, die Hauptrede am Kreuze gehalten und dann in später Stunde auf dem Berge der Festkommers gehalten, während ein flammender Holzstoß in die Nacht leuchtet.

Im Juni 1839 ward Dickert, der spätere Reichs= tags=Abgeordnete, zum Redner am Kreuze designirt, und er betonte energisch neben der patriotischen Erinnerung

die dem preußischen Volke zugesagte „Repräsentativ=Ver=
fassung". Im folgenden Jahre 1840 war mir die Rede
am Kreuze zugefallen und auch ich wies auf politische Frei=
heit als nothwendige Ergänzung der äußeren Freiheit hin.

Solche Hinweisungen und Andeutungen fanden willige
Herzen und Ohren. Bereits zeigten sich die Vorboten
der kommenden Jahre. Jener studentischen Welt stand
ein Professorenkollegium gegenüber, das reich an Spezia=
litäten ersten Ranges war. Da waren Männer von
europäischem Rufe: der Astronom Bessel, der Mathe=
matiker Jacobi, der Philolog Lobeck, der Physiolog
Burdach. Bessel und Jacobi versammelten um ihre
Lehrstühle Schüler aus aller Herren Ländern.

Lobeck, weltberühmt durch klassische Werke, war von
einer Einfachheit der Sitten, einer Bedürfnißlosigkeit,
einer Weltentfremdung, die ihn doppelt liebenswürdig
machten. Der kleine Mann, der ganzen Jugend bekannt,
wenn er die Straßen durchschritt, hatte in seinem falten=
reichen Gesichte etwas, was eigenthümlich anzog: über=
aus durchdringende, leuchtende Augen. Seine umfassende
Gelehrsamkeit war mit einer Unabhängigkeit und Rein=
heit der Gesinnung gepaart, der er in einer denkwürdigen
Zeit noch erhabenen Ausdruck geben sollte.

Burdach, in seinem Fache klassischer Schriftsteller,
Meister eleganter und schöner Diktion, hochverehrt von

seinen Schülern, sollte bald nach jener Zeit noch seinen größten Tag erleben, als er bei dem dreihundertjährigen Jubiläum der Albertina (1844) die Universität als Prorector glänzend und würdig vertrat.

Der Philosoph Karl Rosenkranz stand damals auf dem Höhepunkte seiner Wirksamkeit. Liebenswürdig, der stets bereite Mäcen junger Talente, von außerordentlicher, umfassender Bildung, hatte er durch seine Vorlesungen ein neues Kulturelement in die alte nordische Stadt gebracht. Nicht mehr die Studenten allein, jeder Gebildete, Beamte, Offiziere, Kaufleute bildeten sein aufmerksames Auditorium, wenn er über Goethe und seine Werke, über die Encyklopädisten in graziöser und geistvoller Weise sprach, in freiem Vortrage, niemals stockend, stets anregend und interessant. Der Bildungsschatz, den er unter uns mit freigebiger Hand in den angenehmsten Formen ausschüttete, ist nicht hoch genug zu schätzen.

Der Professor der Medizin, Geheimrath Sachs, sarkastisch, von schärfstem und schonungslosestem Urtheil, von Allen gefürchtet, hatte nur Einen, den er selbst fürchtete, den Mathematiker Jacobi, dessen schlagfertigen Witz er als dem seinen überlegen anerkennen mußte, und Wenige, die er achtete, unter denen Lobeck wohl die erste Stelle einnahm.

Der Professor der Rechte, Simson, trat in jener

Zeit noch nicht besonders hervor. Erst das Jahr 1848
sollte die bedeutenden Gaben der Rede, der politischen
Einsicht, besonders der parlamentarischen Repräsentation,
die ihm eigen waren, zur vollen Entfaltung bringen.
Denn das Talent allein reicht nimals aus, um seinen
Träger zur Geltung zu bringen. Ihm muß die goldene
Göttin Gelegenheit, die Konjunktur der Zeiten
noch zu Hilfe kommen, sonst bleibt es latent. Das
läßt sich auch bei Männern ersten Ranges, wie Bismark
und Moltke, sehr prägnant nachweisen.

II.

Der Huldigungslandtag und der Landtagsabschied.

Am ersten Pfingstfeiertag des Jahres 1840, am 7. Juni, war König Friedrich Wilhelm III., siebzigjährig, gestorben. Das Verhältniß des Volkes zu diesem Könige war ein eigenthümliches gewesen. Die ernste, würdige Persönlichkeit des Königs hatte überall Achtung eingeflößt; zudem verband ihn mit dem Volke die Erinnerung an schwere Leidensgemeinschaft, an die traurigen Tage in Königsberg und Memel. Noch niemals hatte ein König von Preußen so lange und so schwer die Tragik der Zeiten empfunden. Und dann hatte er, um das Maß der Leiden zu erfüllen, eine geliebte Gattin, die im Volke wie eine Heilige verehrt wurde, mitten auf dem Gipfelpunkt der bittersten Tage verloren. In den letzten fünfundzwanzig Regierungsjahren dieses Königs, von 1815 bis 1840, gab es wohl Epochen großer, politischer Erregung, aber sie überschritt nicht die Kreise der akademischen Jugend und der akademischen Lehrer. In die breiten Massen des Bürgerthums fiel kein Lichtstrahl politischer Aufklärung, dort regten sich kaum Wünsche nach politischer Veränderung, jedenfalls blieben sie dem Ohre des Königs fern, den Niemand zu drängen gedachte, dessen vorgeschrittene Jahre keine Aussicht auf Gewährung geboten hätten. Robert Prutz stellt in seinen historischen Vorträgen den Satz auf, daß nichts den steten Fortschritt der preußischen Staatseinrichtungen so mächtig gefördert habe, als die Thatsache, daß kein König von Preußen in Intentionen, Charakter, Thatenlust seinem Vorgänger geglichen habe. So sei jeder Stillstand, jede Einförmigkeit der Richtung verhindert worden. Dieser treffende Satz, wenn man es so nennen darf, dies historische Gesetz hat sich niemals in den mehr als 180 Jahren, seit Preußen ein Königreich wurde, so großartig bewährt, als in unseren Tagen, da unsterbliche Thaten von Preußen aus das Deutsche Reich begründeten, die Kaiserwürde dem Hause der Hohenzollern übertrugen, einen Reichstag nach dem freiesten Wahlgesetze der Welt in's Leben riefen und Macht und Ansehen des neuen Staates maßgebend für die ganze civilisirte Welt machten: Güter, die zu erwerben schwer war, die zu erhalten, um Vieles schwerer sein wird. In jener Zeit, von der ich berichten will, sollte ein neuer König, Friedrich Wilhelm IV., auf der Höhe seiner männlichen Jahre, im Alter der entwickeltsten Intelligenz und Thatkraft, die Geschicke des Landes lenken.

Niemals haben sich an einem Thronwechsel größere Hoffnungen geknüpft. Man erwartete die größten Veränderungen, man erzählte von den Absichten des Königs die wunderbarsten Dinge. Die hochgespannten Erwartungen brachten unversehens ein starkes Maß von Aufregung in die Gemüther. Jetzt wird es anders werden, es beginnt eine neue Zeit: das konnte man überall hören. Worauf sich diese Hoffnungen stützten, darüber konnte Niemand zuverlässige Auskunft geben. Es gab eine starke Strömung der öffentlichen Meinung; man weiß nicht, von wannen sie kam. Wir hier in Königsberg hatten zunächst den Besuch des Königs zu einem denkwürdigen Akte, der Entgegennahme der Erbhuldigung der Stände der Provinzen Preußen und Posen, zu erwarten. Dreizehn Tage, vom 29. August bis zum 12. September 1840, weilte der König, die Königin und der gesammte Hof in unserer Stadt. Ich kann mich nicht entsinnen, daß hier jemals bei irgend einer Gelegenheit die Wogen des Enthusiasmus in allen Klassen der Gesellschaft so hoch gegangen. Die leicht

empfängliche Jugend wie das Alter, alle ohne Aus-
nahme, waren von der Persönlichkeit des Königs, seiner
Freundlichkeit, seinen Worten, entzückt. Auch nicht ein
Laut des Widerspruchs, des Zweifels, mischte sich in
die einmüthigen Ausbrüche lebhafter Begeisterung. Der
König selbst war von einem so hohen Maße der Popu-
larität angenehm berührt.

Es liegt etwas ungemein Trauriges in der Betrachtung der tiefgreifenden Aenderungen der Folgezeit.
Dieser unglückliche Fürst, so hochbegabt, reich an jeglicher Kenntniß der Künste und Wissenschaften, Meister
der Rede, von anmuthiger Sitte, bezaubernd, wenn er
freundlich war, voll der höchsten Meinung von der
Würde und den Aufgaben seines königlichen Berufes,
hatte in seinem Leben nur eine Schattenseite, die sein
und des Landes Schicksal verdüsterte: er befand sich
im tiefsten Widerspruch mit den leitenden Ideen der
Zeit, wie sie unsere ganze Vorgeschichte mit Natur-
nothwendigkeit gereift hatte. Im Kampfe mit diesen
Ideen, in einem Kampfe, in dem weder er, noch ein
Anderer an seiner Stelle hätte siegen können, erschöpfte
sich fruchtlos seine Kraft, bis sie vorzeitig gebrochen
war. Das parlamentarische System — hierin konzen-
trirte sich die Forderung der Zeit — siegte dennoch,
und ob auch der wirkliche Einfluß der Vertretung Jahre

lang auf ein Nichts reduzirt war, die gesetzliche Form war gesichert, die in günstigerer Stunde jedenfalls neuen Inhalt erhalten mußte. In diesem Moment des 29. August 1840, da der König unter dem brausenden Jubel der Bevölkerung in die alte Königsstadt einzog, alle althergebrachten Corporationen, Zünfte und Innungen ihre Embleme, Farben und Schärpen aus dem Gewahrsam hervorgeholt hatten, mit flatternden Fahnen am Schlosse vorbeizogen. — da ahnte Niemand, was die Zukunft bringen sollte.

Unsere alten, engen Straßen waren in grüne Alleen umgewandelt, Ehrenpforten und Blumenkronen schmückten prangend ihre Eingänge, an der Brücke lagen die bekränzten Schiffe, die Raaen mit einer munteren begeisterten Schaar von Matrosen bevölkert. Wie der König zur Seite des Wagens der Königin Elisabeth ritt und die Straßenjugend jubelnd seine Steigbügel berührte, da beugte er sich lächelnd hernieder und streichelte die Flachsköpfe. Sieh! sieh! — so rief mir Albert Dulk, vor dessen Vaterhause wir standen, begeistert zu — er spielt mit den Kindern! während Professor Jacobi, der Mathematiker, mit seinem stereotypen Lächeln dareinschaute. Die nächsten Tage brachten Fest auf Fest.

Eins der prachtvollsten war dem König von den

Ständen des Königreichs Preußen gegeben. Das alte Exerzierhaus auf Königsgarten, an dessen Stelle jetzt die neue Universität steht, war mit einem Anbau versehen. Haus und Anbau waren mit einer Reihe prachtvoller, lichtstrahlender Säle erfüllt. Herrn und Damen des höchsten Adels gruppirten sich zu lebenden Bildern, zu denen Professor Cäsar von Lengerke, ein Dichter von wirklich nennenswerthem Talent, klassische Oktaven gedichtet, welche Professor Simson, der gegenwärtige Reichsgerichts-Präsident, mit seinem klangvollen Organe rezitirte. Preußens und besonders Königsbergs Geschichte zogen hier am Beschauer vorüber. Da fehlten weder die alten Preußen, noch Ottokar von Böhmen, der Sage nach Königsbergs Gründer, Herzog Albrecht, der Stifter der Universität, Simon Dach und Aennchen von Tharau, der große Kurfürst, der große Friedrich und die Folgezeit. Der König selbst nannte das Fest ein „Zauberfest." Den Festen folgte nun ein Tag von historischer Bedeutung: der Huldigungstag. Nach althergebrachtem Recht muß jeder Huldigung ein Provinzial-Landtag vorhergehen, in dem vom Landesherrn die Bestätigung der bestehenden, ständischen Privilegien und Rechte, die sogenannte Assekurationsurkunde, verlangt wird.

Am 5. September 1840 eröffnete der Oberpräsident von Schön den Landtag mit einer sehr beziehungs-

3*

vollen Rede, in der er die preußische Reformgesetzgebung
am Anfang des Jahrhunderts besonders betonte und
sich gegen eine Proposition der Regierung, zur Huldigung einen besonderen Herrenstand von zwölf Rittern
zu wählen, mit sehr deutlichen Worten erklärte. In
Betreff der Assekurationsakte meinte der Oberpräsident,
daß sie aus einer trüben Zeit stamme, „wo Klöster und
Zünfte noch als Beförderungsmittel der Kultur galten".
In der That ward zunächst der Herrenstand einstimmig
abgelehnt. In Sachen der Assekurationsurkunde wurde
mit 89 gegen 5 Stimmen der denkwürdige Beschluß
gefaßt, von allen veralteten Privilegien absehend, nur
das Recht der Stände des Königreichs Preußen bei
jeder Erbhuldigung zusammentreten und die Wünsche
des Landes vor den Thron bringen zu dürfen, sich zu-
sichern zu lassen, sodann aber zu bitten, daß in Erfüllung
des Gesetzes vom 22. Mai 1815 eine allgemeine Landes-
repräsentation hergestellt werde.

Dieser wichtige Schritt war besonders durch zwei
Anträge, die den Namen des Kaufmanns Heinrich,
Abgeordneten für Königsberg, und des Abgeordneten
von Auerswald-Plauten (später Minister des Innern im Märzministerium Camphausen's) trugen, her-
vorgerufen. Heinrich, ein Mann von Einsicht und
gesundem Verstande, hat später noch Jahrzehnte lang

der liberalen Partei angehört. Damals ward er in den
Himmel gehoben, heute ist er vollständig vergessen.
Dies ist das gewöhnliche Schicksal verdienter Männer
im politischen Leben. Kein Ruhm ist vergänglicher als
der politische.

Dies wichtige Ereigniß ging damals in Königsberg
im Festgetümmel fast spurlos vorüber, die Wenigsten
kannten es, und ebensowenig die Antwort des Königs,
die als „Landtagsabschied" nicht, wie sonst, erst Monate
nach Schluß des Landtags, sondern bereits am 9. Sep=
tember, am Tage vor der feierlichen Huldigung, erfolgte
und vom Oberpräsidenten von Schön vorgelesen wurde.

Diese Antwort ist von hoher Wichtigkeit und für
alle folgenden Ereignisse von ernster Vorbedeutung.
Offen und im Tone festen Vertrauens wie die Land=
tagspetition, lautete auch die Antwort des Königs.
„Zur Hebung jeden künftigen Zweifels und Mißverständ=
nisses" erklärte der König, daß die Erfahrungen, die
der verstorbene König an anderen Ländern gemacht, ihn
bewogen, die Angelegenheit reiflich zu erwägen. So
habe er beschlossen, „in Erwägung der heiligen Pflichten
seines von Gott ihm verliehenen königlichen Berufes"
sein Wort zu erfüllen, indem er „von den herrschenden
Begriffen sogenannter allgemeiner Volksvertretung um
des wahren Heiles seines ihm anvertrauten Volkes willen

sich fern haltend" den naturgemäßen, auf geschichtlicher Entwickelung beruhenden und der deutschen Volksthümlichkeit entsprechenden Weg einschlug. Das Ergebniß sei die in allen Theilen der Monarchie eingeführte Provinzial- und kreisständische Verfassung gewesen. Diese habe eine geschichtliche Grundlage, die Grundlage ständischer Gliederung, wie sie durch die überall berücksichtigten Veränderungen der Zeit sich gestaltet. Ein Abschließen der natürlichen Stände des Volks, wie ein Zusammenwerfen derselben, sei sorgfältig vermieden. Er, der König, habe selbst an diesem Werke mit geholfen, er wolle es auch weiter treu pflegen.

. Diese Aeußerungen werfen ein helles Licht auf den tiefen Widerspruch der Ideen des Königs mit den treibenden Gedanken der Zeit. So wenig aber erregte damals diese Erklärung des Königs irgend eine Mißstimmung, daß die ganze Versammlung wegen des herzlichen Tons der königlichen Kundgebung und der Gewährung aller sonstigen, wenig erheblichen Anträge, sich wie ein Mann enthusiastisch erhob und dem Könige ein dreimaliges Hoch ausbrachte. Ja, noch am 11. September begab sich eine besondere Deputation des Landtags zum Könige, um ihm für die „hohen Worte" des Landtagsabschieds zu danken. Der 10. September brachte die eigentliche Huldigung im inneren Schloßhofe unter freiem

Himmel. Der geräumige, innere Schloßhof faßte nach
einem Anschlage etwa 20 000 Personen, die in dichten
Schaaren herbeiströmten. Der König, auf dem Balkon
an der Ostseite des Schlosses auf dem Throne sitzend
empfing die Huldigung der Stände. Und nun trat,
Allen unerwartet, ein außerordentlicher Moment ein.
Der König erhebt sich von seinem Thronsessel, tritt an
den Rand der Tribüne und spricht mit weithin schallender
Stimme sein eigenes Gelöbniß steter Gerechtigkeit, sorg=
samer und treuer Leitung der Regierung aus. Die
Kraft der Stimme, der Schwung der Worte, die Poesie
der Bilder, vor Allem das Neue und Ungewöhnliche
der Kundgebung machten in diesem Momente einen
gewaltigen Eindruck, der noch lange nachwirkte. Der
Abend brachte den Fackelzug der Studenten, zu dem sich
die Landsmannschaften und die Burschenschaft Albertina
vereinigt hatten. Einer der Entrepreneurs war Ferdi=
nand Gregorovius, zum Redner vor dem König
war Wilhelm Jordan bestimmt, ihm war auch die
Abfassung des Gedichts an die Königin übertragen, mir
des Gedichts an den König. Beide Gedichte waren
vorher der Beurtheilung von Karl Rosenkranz von
der Studentenschaft vorgelegt. Jordan unterwarf sich
durchaus nicht den Veränderungen desselben; ich, der
mit Rosenkranz bereits ein sehr theures Band litera=

rischer Förderung verband, fügte mich gern, so wenig ich auch in seinen sehr diskreten Abänderungen überall Verbesserungen sehen konnte.

Der imposante Zug bewegte sich nach dem inneren Schloßhofe. Unter strömendem Regen erwarteten wir die Rückkehr der Chargirten, Redner und Bannerträger, die zum Schlosse hinaufgestiegen waren, und als wir nun nach ihrer Rückkehr um die zusammengeworfenen, hell auflodernden Fackeln, einen Kreis gebildet und das Gaudeamus sangen, erging an uns unerwartet die Einladung, sämmtlich zum Könige, der uns bewirthen wolle, zu kommen. In langer Linie standen wir dort in den königlichen Gemächern. Wir hatten den längsten Studenten, der mehr als sechs Fuß maß und einen Zwerg nebeneinander gestellt, was den König, unseren Rector magnificentissimus, höchlich ergötzte. An unserer Front schritten der König und die Prinzen auf und ab, diesen und jenen anredend.

Am nächsten Abend vereinigte der König im Moskowitersaale eine große und glänzende Gesellschaft. Alle Würdenträger des Staats, alle hervorragenden Männer der Wissenschaft, Vertreter aller Stände, von uns die chargirten Studenten des Fackelzugs, die Verfasser der Gedichte, waren eingeladen. Staunend bewegten wir Studenten uns in diesem glänzenden Kreise. Da sahen wir Alexander v. Humboldt, dem soeben noch unsere Commilitonen eine 'pezielle Ovation dargebracht hatten, an diesem Abend stets gebeugt vor König und Königin, ganz Hofmann, was unsere Professoren zu halblauten bezeichnenden Bemerkungen veranlaßte, dort einen silber= haarigen Greis im Bischofsornate, den Bischof von Ermland, Dr. v. Hatten, der einige Monate später unter entsetzlichen Umständen von Mörderhand fallen sollte. Die musikalische Aufführung, der erste Theil von Händel's „Judas Makkabäus", den der König selbst auserwählt hatte, war wohl gelungen. Der Sologesang einer berühmten Sängerin, Agnes Schebest, der späteren Gemahlin von David Friedrich Strauß, entzückte Alle.

Erst in später Nachtstunde verließen wir das gast= liche Schloß, voll von Eindrücken und nachhaltigen Erinnerungen. Schon am nächsten Tage verließ der König die Stadt, mit demselben Gepränge bis zu den Grenzen des Stadtbezirks geleitet, mit dem er empfangeen war. Mit Wehmuth sah ihn die Bürgerschaft scheiden. Gern hätte sie sich länger seines Anblickes, der „Freund= lichkeit seiner Sitten" erfreut. Die Begeisterung, die er hier erregt hatte, dauerte ungeschwächt fort. Schon nach Jahresfrist aber war ein gewaltiger Rückschlag eingetreten, den in jenen Zeiten Niemand für denkbar gehalten hätte.

III.

Johann Jacoby's „Vier Fragen" und die preußischen Richter.

Der König hatte in dem Landtagsabschiede an den Königsberger Huldigungslandtag die ständische Gliederung der Idee allgemeiner Volksvertretung, das historische Recht den Ideen der Zeit entgegengestellt. Wie dargethan, hatte der Landtag diesen Bescheid ohne Mißstimmung entgegengenommen, der kleine Theil des Publikums, der überhaupt von dieser wichtigen Erklärung des Königs Kenntniß nahm, war weit entfernt, ihre Tragweite sich klar zu machen. So waren Monate vergangen, als am 28. Februar 1841 eine Flugschrift erschien, welche durch die überzeugende Klarheit der Gründe, die Prägnanz des Ausdrucks, die Kühnheit ihrer logisch unanfechtbaren Schlußfolgerungen, den ehrlichen, männlichen Ton, der das Ganze durchdrang,

einen unbeschreiblichen Eindruck machte, blitzschnell eine
täglich wachsende öffentliche Meinung schuf und ihren
Verfasser in wenigen Wochen zum Range einer europäischen
Berühmtheit erhob. Die Schrift war anonym erschienen,
aber ihr Verfasser war nicht der Mann, im Dunkeln
zu bleiben und die Verantwortung für seine That —
denn den Werth einer solchen hatte seine Schrift —
abzulehnen.

Bereits am Tage des Erscheinens der Schrift
nannte sich der Verfasser in einem Immediatschreiben
dem Könige und erklärte sich zu jeder Verantwortung
bereit, seine Schrift gegen jede willkürliche Deutung
unter den Schutz des Königs stellend. Bereits am
21. März 1841 wurde auf den Bericht des Ministers
von Rochow diesem vom Könige überlassen, die gericht=
liche Untersuchung gegen den Verfasser zu beantragen.
Als Verfasser hatte sich ein bis dahin kaum über die
Grenzen seiner Vaterstadt Königsberg bekannter prak=
tischer Arzt, Dr. Johann Jacoby, dem Könige ge=
nannt.

Jacoby hatte seine Schrift zunächst dem Buch=
händler Otto Wigand in Leipzig mit dem Auftrage
übersendet, sie in 40 Exemplaren drucken zu lassen, und
diese ihm zu übersenden, um sie an die Mitglieder des
eben zusammentretenden Ostpreußischen Landtags zu

vertheilen. Die Schrift war in Leipzig mit Bewilligung
der Zensur gedruckt, ohne Wissen Jacobys in der
„Leipziger Allgemeinen Zeitung" angekündigt, dann aber
von der sächsischen Polizei mit Beschlag belegt. Jacoby
wendete sich darauf an den Buchhändler Georg Wigand,
daß er die Schrift außerhalb Leipzigs wiederum ab=
drucken lasse und, wenn dies Hindernisse erfahre, ihm
40 Exemplare abziehen lasse.

Die Schrift erschien darauf trotz des verweigerten
Imprimatur in Georg Wigands Verlag, aber unter der
fälschlich gebrauchten Firma „Mannheim bei Hoff," in
2500 Exemplaren, die an alle Buchhandlungen Preußens
versendet wurden. Jacoby hat nachgewiesen, daß er an
diesen äußeren Vorgängen völlig unschuldig sei. Seine
Richter haben ihm geglaubt, und mit Recht, und die
anfangs erhobene Anklage auf Fälschung wurde fallen
gelassen. Die Schrift wurde in Preußen und auf
Beschluß der Bundesversammlung in allen deutschen
Staaten mit Beschlag belegt.

In den vier Fragen, welche der Titel angiebt,
hatte Jacoby in der ersten die Forderung des Huldigungs=
landtags beleuchtet, in der zweiten ihre gesetzliche Be=
rechtigung nachgewiesen, in der dritten den erfolgten
Bescheid kritisirt, zu der vierten: „Was bleibt der
Ständeversammlung zu thun übrig?" die Antwort ge=

geben, „daß die Stände, was sie bisher als Gunst er-
beten, nunmehr als erwiesenes Recht in Anspruch zu
nehmen hätten."

Diese letzte Wendung bewog das Ministerium des
Innern, die von ihm verfaßte Anklage auch auf ver-
suchten Hochverrath auszudehnen. Die beiden anderen
Verbrechen, welcher die ministerielle Anklageschrift den
Dr. Johann Jacoby anschuldigte, waren „Erregung von
Mißvergnügen und Unzufriedenheit der Bürger gegen
die Regierung durch frechen, unehrerbietigen Tadel und
Verspottung der Landesgesetze" und Majestätsbeleidigung.
Der Umstand, daß auch auf Hochverrath denuncirt war,
wies die Aburtheilung der Sache eigentlich der Competenz
des Kammergerichts zu. Dem Angeklagten mußte ein
Gerichtshof seiner Heimat genehmer sein, und somit wies
eine Kabinetsordre die Entscheidung dem Kriminalsenat
des Königsberger Oberlandesgerichts zu, aber auf Jacobys
Gesuch und seine Erklärung, daß er seine Sache ver-
trauensvoll dem Urtheil des Kammergerichts anheim-
stelle, hatte eine neue Kabinetsordre das Urtheil dem
Kammergericht überwiesen.

Das Urtheil des Kriminalsenats dieses Gerichts-
hofes ward am 5. April 1842 gefällt. Es sprach
Jacoby von der Anklage des Hochverraths völlig frei,
verurtheilte ihn dagegen wegen frechen, unehrerbietigen

Tadels und Verspottung der Landesgesetze und wegen Majestätsbeleidigung zu 2½ jährigem Festungsarrest und erkannte ihm das Recht, die Nationalcocarde zu tragen, ab, was mit der heutigen Aberkennung der Ehrenrechte gleichbedeutend ist.

Der Eindruck dieses Urtheils wider einen Mann von der Bedeutung Jacobys und wider eine Schrift, die offenbar von der reinsten Vaterlandsliebe eingegeben war, war ein gewaltiger. Die Vertheidigungsschriften Jacobys gegen dies Urtheil, gegen welches er sofort Berufung einlegte, sämmtlich gedruckt und in ganz Deutschland verbreitet, waren nicht geringere Meister= stücke als die ursprüngliche Schrift. Sie steigerten überall den Enthusiasmus für Jacoby und seine Sache, und schon jetzt erwies sich, welch heillosen Fehler die Regierung mit ihrer Anklage begangen, wie sie das vermeintliche Uebel, dem sie steuern wollte, unberechenbar gesteigert. Mit athemloser Spannung erwartete die Bürgerschaft das Urtheil der zweiten Instanz, des Ober= Appelationssenats des Kammergerichts. Am 19. Januar 1843 erfolgte dieses Urtheil. Es lautete auf völlige Freisprechung.

Jacoby konnte eine Abschrift des vollständigen Er= kenntnisses mit den Gründen nicht erlangen. Es ward ihm vorgelesen, die Erkenntnißformel ihm ausgefertigt, das ganze voluminöse Aktenstück, die Motivirung des Erkenntnisses, ihm aber auf Befehl des Kriminalsenats des Kammergerichts verweigert. Jacoby, der überall sein Recht bis auf das letzte Mittel zu verfolgen gewohnt war, durchlief alle Beschwerde-Instanzen, er wendete sich zuletzt an den König, ohne eine Gewährung seines Verlangens erreichen zu können. Das vollständige Erkenntniß muß ihm aber doch zugänglich gewesen sein, da er ganze Sätze desselben in seinen Vertheidigungsschriften gelegentlich späterer Preßprocesse citirt. In ganz veränderter Zeitlage, zwanzig Jahre später, ist das vollständige Erkenntniß als Anhang eines Wiederabdrucks der „Vier Fragen" bei Otto Wigand in Leipzig erschienen (1863).

Wenn man dies gewichtige Aktenstück, ein unvergängliches Denkmal richterlicher Unabhängigkeit, liest, daß die Unterschrift von Grolmans trägt, so begreift man leicht, woher die Regierung dies Dokument für keinen Fall dem Angeklagten und durch ihn der Oeffentlichkeit in die Hände geben wollte. Das denkwürdige Erkenntniß enthielt nicht allein eine vernichtende Kritik des ersten Urtheils, sondern bezeichnete auch die Grundsätze, von denen sich der Richter in politischen und Preßprocessen leiten lassen müsse, in so großartiger und freisinniger Weise, daß der Leser keinen Anstand nehmen

wird, dies Erkenntniß an Wichtigkeit der von ihm frei-
gesprochenen Schrift gleichzustellen, vielleicht noch vor-
anzustellen, denn Jacobys Schrift bezog sich auf die
Frage des Tages, das Erkenntniß erledigt Fragen von
bleibender Bedeutung.

Des unerschrockenen Vertheidigers der Rechte des
preußischen Volkes weitere Schriften „Preußen im
Jahre 1845" und „Das königliche Wort Friedrich
Wilhelms III." haben alle Vorzüge der „Vier Fragen",
ohne jedoch ihre Bedeutung beanspruchen zu können
denn sie sind nur weitere, allerdings vorzügliche Ausführungen der ersten epochemachenden Schrift. Das
Schicksal dieser neuen Flugschriften ist das gleiche.
Wiederum erhebt die Regierung die Anklage auf Majestätsbeleidigung und frechen, unehrerbietigen Tadel der
Landesgesetze. Dieser Proceß wird in Königsberg verhandelt. Der Kriminalsenat des Königsberger Oberlandesgerichts spricht Jacoby beider Verbrechen schuldig
und verurtheilt ihn zu 2½ Jahren Festungsarrest.
Wiederum erscheinen glänzende Vertheidigungsschriften
des Verurtheilten, der sofort Berufung eingelegt hatte.
Insbesondere ist die im Jahre 1846 erschienene Schrift
„Ein Urtheil des Königsberger Criminalsenats" (Mannheim, bei Heinrich Hoff) durch schneidige Schärfe der
Sprache merkwürdig. Und die Berufungs-Instanz, das

Tribunal des Königreichs Preußen, spricht den Verurtheilten wiederum vollständig frei. Man erzählte sich damals, daß Graf zur Lippe, der spätere
Justizminister, der damals als Assessor beim Tribunal
beschäftigt war, sich zwar gegen die politischen Grundsätze Jacobys ausgesprochen, aber vom richterlichen
Standpunkte seine Freisprechung für nothwendig erklärt
habe.

IV.

Johann Jacoby als Privatmann und Gelehrter.

Der merkwürdige und seltene Mann, der so Großes vollbrachte, stand, als er seine politische Laufbahn begann, in der Vollkraft des männlichen Alters. Als er die „Vier Fragen" veröffentlichte, hatte er sein 36. Lebensjahr noch nicht vollendet. Wenige Jahre später verband mich mit ihm das Band intimster Freundschaft, die weit über 20 Jahre dauerte, bis uns die Ereignisse des Jahres 1866 und die Parteispaltung des Jahres 1867 von einander trennten, ohne daß wir einander wieder finden konnten, wenn auch kein freudiges oder trauriges Ereigniß im Leben des Einen, ohne ein Zeichen der Theilnahme des Anderen, vorübergehen durfte. In diesem langen Zeitraum inniger Freundschaft blieb mir kein Zug in Johann Jacobys Wesen verborgen, und ich bin besser als einer der Mitlebenden, im Stande, sein getreues Charakterbild zu zeichnen und die fremdartigen

Züge, welche der Haß seiner Feinde, vor allem aber
übertreibende Vergötterung hineingetragen, zu entfernen.
Wer eine historische Persönlichkeit schildert, der hat keinen
anderen Leitstern, als die Wahrheit. Ihr zu folgen ist
wenigstens mein Wille.

Die Größe Jacobys liegt viel mehr in seinem
Charakter, als in seiner politischen Leistungsfähigkeit.
Der Grundzug seines Charakters war ein starkes Rechts-
gefühl. Seiner Ueberzeugung, und nur dieser, zu folgen,
ihr Alles zu opfern, zunächst die Ruhe und das Be-
hagen der Arbeit — Dinge, die ihm ein wesentliches
Lebenselement waren — dann Freiheit und, wenn es
sein mußte — auch diese Probe stand ihm einmal bevor
— selbst das Leben: das waren Handlungen, die ihm
selbstverständlich waren. Und alles dies that er ohne
Prunk, ohne Herausforderung der öffentlichen Bewunderung. Jedes Pathos lag ihm fern. Sein Temperament
war durchaus nicht ohne Leidenschaftlichkeit. Des Zorns
und der Entrüstung war er sehr wohl fähig, aber jede
Aufwallung stand unter der Herrschaft eines eisernen
Willens. Ruhig schien er und es bedurfte einer genauen
Kenntniß seines Charakters, um zu erkennen, daß unter
der Hülle der Ruhe verhaltene Gluth loderte. Er war
durchaus nicht frei von Ehrgeiz und es wäre ein Wunder,
kaum ein Lob gewesen, wäre es damit anders bestellt

4*

gewesen. Nichts that er allein um der Anerkennung
willen, nur um die Sache selbst, aber die Anerkennung
that ihm wohl, und die Gegnerschaft, wenn sie ernst
genommen zu werden verdiente, verstimmte ihn. Aber
Niemand hätte ihm irgend eine Veränderung seines ruhigen
und gehaltenen Wesens anmerken können, so stark auch
sein Selbstgefühl war.

Von körperlichen Schmerzen war er oft heimgesucht
und er kränkelte oft und lange, obwohl er ein hohes
Alter erreichte. Auch der heftigste Schmerz konnte ihm
keinen Klagelaut erpressen; denn, wie er meinte, ende
der Schmerz am schnellsten bei ruhigem Ertragen, während
unruhiger Widerstand und tobende Klage ihn steigere
und verlängere. Es war wohl mehr als ein Scherz,
als er mir zu seinem 60. Geburtstage sagte, nach seiner
Ueberzeugung habe der Mensch Anspruch auf ein Leben
von 100 Jahren, von denen das erste Drittel dazu bestimmt
sei, sich zu orientiren, d. h. zu lernen, das zweite, das Gelernte
anzuwenden, d. h. zu arbeiten, das dritte, der Mit- und
Nachwelt die Erfahrungen der beiden ersten mitzutheilen.

Sein höchster Genuß war geistige Arbeit, besonders
Lectüre. Seine reiche Bibliothek, sein mit dem Neuesten
bedeckter Büchertisch im stillen Heim seines Zimmers
war sein Paradies. Hier lebte er am glücklichsten. Ob=
wohl ein Theil seiner Zeit durch seinen Beruf und die

pünktliche, aber sehr abgekürzte Erfüllung gesellschaftlicher
Pflichten in Anspruch genommen war, gehörte doch der
zweitaus größte Theil des Tages und. — der Nacht
seinen Studien.   Nachtarbeit, wie bei seinem Freunde,
dem Physiker Professor Moser — und auch wir Jüngeren
nahmen bald diese Gewohnheit an — war ihm die liebste.
Niemals hatte für ihn Morgenstunde Gold im Munde.
Obwohl man dieser Lebensweise den Vorwurf macht,
daß sie am Kapital des Lebens zehre, statt sich mit der
Rente zu begnügen, so fiel sie doch bei ihm in die Breite
der Gewohnheit, ohne ihm zu schaden.   Wenn er schrieb,
so feilte er auf's Sorgsamste am Ausdrucke; er rang
nach der adäquaten Bezeichnung des Gedankens, und
wenn er noch so oft variiren sollte.   Sein kräftiger
Lapidarstil war das Product sorgsamster Arbeit.   Un=
ablässig arbeitete er an seiner geistigen Ausbildung.   Da
es ihm fast vollständig an Phantasie fehlte, so war ihm
die Welt des „schönen Scheins" verschlossen.   Von
Dichterwerken zog ihn nur an, was seinen philosophischen
Gedankengang förderte.   Lessings „Nathan" und Goethes
„Faust" waren ihm sympathisch, Lessing unbedingt sein
Lieblingsdichter.   Am meisten fesselten ihn historische
und philosophische Werke.   In seinen späteren Jahren
verehrte er vorzugsweise Buckle's „Geschichte der Civili=
sation" und Grotes „Geschichte Griechenlands".   Die

letztere excerpirte er; ein solcher Auszug ward noch nach
seinem Tode veröffentlicht. In dieser steten leidenschaft=
lichen Liebe zur Lectüre war er dem Minister von
Schön sehr ähnlich, der bis in's späteste Alter sich mit
allem Neuen bekannt machte.

In religiöser Beziehung war er Freidenker bis
zu den äußersten Consequenzen. Spinoza war seine
hochverehrte Autorität; ihn hielt er für den größten
Denker aller Zeiten; nächst ihm fesselte ihn sein großer
Landsmann Imanuel Kant, von dessen kategorischem
Imperativ er selbst die Verkörperung war. Jude von
Geburt, obwohl von gottesdienstlichen Acten sich grund=
sätzlich fernhaltend, hielt er es für seine höchste Pflicht
wie für die jedes gebildeten Juden, bei den unterdrückten
Genossen auszuharren, ihre Menschenrechte zu vertreten,
wie er es wiederholt gethan. Er erlebte kaum noch die
Anfänge des modernen Antisemitismus. Er hätte ihn
nach seiner ganzen Sinnesart mit schmerzlichem Staunen
als einen fast unglaublichen Rückfall in die finstersten
Zeiten des Mittelalters verabscheut. Keineswegs blind
gegenüber den sozialen Fehlern und Schwächen eines
Theils der Juden erklärte er sie in seinem hohen Rechts=
gefühl für die natürlichen Folgen Jahrhunderte langer
Unterbrückung, die den Unterbrückern, nicht den Unter=
brückten zur Last fielen. In seinen philosophischen

Studien stellte er sich besonders die Aufgabe, die Er=
gebnisse der neueren Naturforschung für den Nachweis
der materiellen Grundlage der Seelenerscheinungen zu
verwerthen. Er las mir wiederholt längere Artikel einer
sehr ausführlichen Arbeit über diesen Gegenstand vor. Ich
weiß nicht, ob sich davon etwas in seinem literarischen
Nachlaß vorgefunden. Er drang in mich, das Leben
und die Lehre des Giordano Bruno, des Vorgängers
Spinozas, in populärer Form zu bearbeiten. Mein Buch,
ihm gewidmet, erschien 1846 im Verlage von Hoffmann
u. Campe in Hamburg.

Er blieb unvermählt — wie man glaubte, weil er
gewissenhafterweise kein anderes Leben in die Gefahren
seiner exponirten Stellung hineinziehen wollte. Ich
glaube an dieses Argument nicht, weil es einer wahren
Neigung gegenüber nicht Stand hält. Ich halte viel=
mehr dafür, daß er zum Heirathen einfach keine Zeit
hatte und ihm die Freiheit der Arbeit lieber war als
die süßeste Fessel. Denn, so gewaltig er auf den Markt
des Lebens hinausgetreten war, so mächtig er seine
Stimme erhoben: sein eigentliches Naturell war das des
deutschen Stubengelehrten im besten Sinne des Wortes.
Von hier war er ausgegangen, hierhin kehrte er stets
zurück. Trotz alledem hatte er lebhaften Sinn für die
Reize des Familienlebens. Er war Kinderfreund, und

die Kinder hatten ihn lieb in seiner herzgewinnenden Weise, wie ich es in meinem Hause so oft beobachtete.

Man würde ihn nicht vollständig kennen, wenn man wähnte, daß seine Studien und seine einseitige, politische Thätigkeit ihn der praktischen Klugheit des gewöhnlichen Lebens entfremdet hätten. Er besaß ein gutes Maß von Weltklugheit und schon sein ärztlicher Beruf, der ihn mit so vielen verschiedenen Menschen in nächste Berührung brachte, mußte ihm eine Quelle der Menschenkenntniß sein. Er hatte seine sehr weisen, praktischen Lebensregeln. Ich erinnere mich an eine, die er mir öfter citirte und für probat erklärte. Ich habe sie oft mit Nutzen angewendet. Sie lautete: „Wenn Du in Zweifel bist, ob Du etwas Bestimmtes thun sollst oder nicht, so thue es nicht!“

In allen Lebensgenüssen war er mäßig, aber wohl empfänglich für die Freuden der Tafel, wie sein verehrter Lehrer Kant. Ein geselliges Freundesgespräch war ihm werth, aber er kürzte es gern im Interesse seiner strengen Zeiteintheilung ab. Die zahlreichen Besuche seiner Verehrer von nah und fern waren ihm, wie so vielen berühmten Männern, eine Last. Er besaß eine seltene Virtuosität darin, die Besuche, ohne je unhöflich zu werden, auf das kürzeste Zeitmaß zu reduziren. Die Einsamkeit seines von so vielen Verehrern mit allen Schätzen der Kunst ausgestatteten Zimmers war ihm das Liebste. Sich von ihm dauernd trennen zu müssen, war ihm ein schwerer Gedanke, aber seine ungewöhnliche Selbstbeherrschung ließ ihn, wenn es sein mußte, ruhig erscheinen. Der Offizier, der ihn auf Befehl des Generals Vogel von Falkenstein im Jahre 1870 nach Lötzen abführte, war erstaunt und ergriffen von der vollständigen Ruhe und Gehaltenheit, mit der ihm der bereits hochgealterte Mann folgte, obwohl diese schwere Schicksalswendung ihn ganz unvorbereitet traf.

Wie alle bedeutenden Männer, hatte er einen fatalistischen Zug. Aus den schwersten Criminaluntersuchungen war er zuletzt stets vollständig freigesprochen hervorgegangen. Er glaubte fest, daß er nichts schreiben und sprechen könne und werde, was unabhängige Richter — und sein Glaube an die Unabhängigkeit der Richter war stark — verurtheilen könnten. Und in der That bewährte sich dieser Glaube Jahrzehnte lang, so auch noch 1849, als er wegen seiner Theilnahme am Stuttgarter Parlament unter einer Kapitalklage vor den Geschworenen stand. Das Jahr 1865 brachte ihm die schwere Enttäuschung, daß er wegen einer Rede vor seinen Berliner Wählern vom Kammergericht rechtskräftig zu sechs Monaten Gefängniß verurtheilt wurde.

V.

Johann Jacoby als Politiker.

Johann Jacoby selbst betrachtete stets die erste Zeit seiner Thätigkeit von 1841 bis zum März 1848 als die schönste seines Lebens. Als er mir im Jahre 1863 die neueste Ausgabe seiner „Vier Fragen" nebst dem Erkenntniß des Appellationssenats des Kammergerichts zum Geschenk machte, versah er das Exemplar mit dem ausdrucksvollen Motto des Macchiavelli: „ritornar al segno". In der That war es die schönste Zeit, vielmehr die einzige seiner maßgebenden Wirksamkeit, die mit dem Jahre 1848 so gut wie vollständig aufhörte.

Von dem Augenblicke, da die Tribüne einer Volksvertretung eröffnet war, entschied das beredte Wort. Und Jacoby war nichts weniger als ein Redner. Er konnte in feierlichen Momenten durch eine gedrungene,

männliche Erklärung Eindruck machen, aber die zün=
bende Rede, die hinreißt, ehe sie noch überzeugt hat,
die klare, sachliche, den Gegenstand von allen Seiten
erschöpfende Darstellung, war ihm im Worte versagt,
obwohl er der letzteren in der Schrift mächtig war wie
nur einer. Zudem traten neue bedeutende Männer auf,
die ihm ebenbürtig waren; es tauchten Fragen auf, in
denen seine Sachkenntniß mit der der Besten sich nicht
messen konnte.

Ein Abgeordnetenmandat war ihm sowohl im Jahre
1848, als später, bald nach Gründung der Fortschritts=
partei, in einem Berliner Wahlkreise stets gesichert. Seine
Vaterstadt hat es ihm stets versagt. Im Jahre 1848 ward
seiner nicht gedacht, sei es, daß seine Thätigkeit im Fünf=
zigerausschusse in Frankfurt a. M. der damals hier maß=
gebenden gemäßigten Partei mißfiel, sei es, daß die anar=
chischen Erscheinungen in Berlin, welche bald der März=
Revolution folgten, die Gemüther beeinflußten, welche
seinen Radicalismus ohnehin fürchteten. Ich erinnere
mich, daß wir Jüngeren damals über diesen, wie wir
meinten, maßlosen Undank indignirt waren. Aber auch
als die Fortschrittspartei hier bei den Wahlen den Aus=
schlag gab, war es nur eine Minorität, die seine Can=
didatur vorschlug. Sein Ruhm war verblaßt und man
zog ihm andere Männer vor. Er empfand dies tief als

bittern Undank und er beauftragte mich, in der Wahlmänner=
Versammlung zu erklären, daß er hier kein Mandat
anzunehmen gedenke. Er war überhaupt parlaments=
müde und er lehnte auch ab, als eine Deputation von
Wahlmännern aus Berlin bei ihm erschien, um ihm
ein vollständig gesichertes Mandat anzubieten. Erst
im Jahre 1863 nahm er das Berliner Mandat an,
das ihm noch dreimal zu Theil wurde, bis im Jahre
1870 nach seiner Erklärung über die Annexion von
Elsaß und Lothringen seine Candidatur auch dort nicht
mehr durchzudringen vermochte, da er überdies aus der
Fortschrittspartei ausgetreten war. Das sozialistische
Mandat, das ihm der Leipziger Landkreis im Jahre
1874 bot, lehnte er mit großer Besonnenheit ab. Trotz
des von ihm aufgestellten, sozialistischen Programms
konnte man sich schwer mit dem Gedanken versöhnen,
ihn nach solcher Vergangenheit als Genossen der sozia=
listischen Abgeordneten in den Reichstag eintreten zu
sehen. .

So war das parlamentarische Leben in Preußen,
das er selbst in höherem Maße, als irgend einer seiner
Zeitgenossen, in vorderster Reihe mit glänzenden Muthe
angebahnt hatte, für ihn selbst ein steriles und eine
Quelle steter Enttäuschungen. Die Ursache konnte keinem
denkenden Beobachter verborgen bleiben.

Er kannte als Publizist, wie als Abgeordneter, nichts, als die abstracte Logik des Prinzips mit allen seinen Consequenzen. Das war vortrefflich am Platze in den ersten Stadien des Kampfes, als die Volks= meinung und die Gedanken der absoluten Regierung als unvermittelte Gegensätze einander gegenüberstanden. Nach langen Prüfungen gelangte die im Sturm eroberte Volksvertretung zur sachlichen Arbeit. Neue Fragen tauchten auf. Programme verloren an Werth. Pro= gramme bezeichnen die Ziele der Parteien. Die Par= teien selbst sind nur die vergänglichen Organe des zeit= weiligen, politischen Gedankens; niemals sind und sollen sie Selbstzweck sein. Was den Politiker macht, ist nicht das Programm, sondern die richtige Wahl des Weges, die zur allmälichen Verwirklichung des Programmes führt. Da gilt es, das erreichbare Gute dem unerreich= baren Besten vorzuziehen, die Machtverhältnisse richtig abzuwägen, das augenblicklich Aussichtslose zurückzustellen, die günstige Gelegenheit zu ergreifen und auszunutzen; denn Politik ist die Kunst des Erreichbaren, nicht Logik, nicht Philosophie. Der Politiker soll stets von Prinzipien sich leiten lassen, aber den richtgen Weg zu ihrer Verwirklichung zeigt ihm nur die concrete Lage der Dinge, der thatsächliche Boden, auf dem er steht. „Politik ist wirksames Handeln. Zweck und Mittel müssen nach Umständen und Zeiten verschieden sein. Aber die ewige Aufgabe der Politik bleibt, unter den gegebenen Verhältnissen und mit den vorhandenen Mitteln Etwas zu erreichen. Eine Politik, die das verkennt, die auf den Erfolg verzichtet, sich auf eine theoretische Propaganda, auf ideale Gesichtspunkte beschränkt, von einer verlorenen Gegenwart an eine künftige Gerechtigkeit appellirt, ist keine Politik mehr" („Twesten's Macchiavelli"). Solche Fragen existirten für Jacoby nicht. Mit unglaublicher Geringschätzung, mit stetem Mißtrauen sah er auf die Erfolge, welche die nationale Partei in der großartigen Reformgesetzgebung von 1867—1877 errang, bis ihr nicht ohne Selbstverschuldung erfolgter Niedergang den Reformen ein Ende machte. Allen diesen Errungenschaften, deren Vertheidigung noch heute die Hauptarbeit der freisinnigen Partei bildet, setzt er die Logik des Prinzips in seinen äußersten Consequenzen entgegen. Das einige Deutschland, die erfüllte Sehnsucht einer ganzen Nation, wollte er aus Bismarck's Händen nicht annehmen, weil es nicht zugleich ein freies war. Das war nicht ein Protest gegen einen einzelnen Staatsmann, sondern gegen die Weltgeschichte. Die alten deutschen Lande Elsaß und Lothringen wollte er nicht in Deutschland aufnehmen, wenn die Bevölkerung nicht zustimme. Von ihrem

Votum sollte es abhängen, ob die alten Ausfallpforten
französischer Eroberungseinfälle von uns besetzt werden
sollten oder nicht. Der Gegensatz des abstracten Prinzips gegen die Wirklichkeit der Geschichte mußte zum
vollständigen, politischen Quietismus führen. Jede politische Thätigkeit hörte auf bis auf die monotone
Wiederholung des Prinzips und das stete Nein! zu
Allem, was das Prinzip nicht ganz und vollständig
verwirklichte. So verödete das politische Dasein des
einst so verdienten Mannes, so isolirte sich seine Stellung mehr und mehr. Jeder Widerruf war bei einem
solchen Manne unmöglich, die Rückkehr zu wirklicher,
politischer Thätigkeit, war definitiv verrammelt. Einer
der früheren Kampfgenossen nach dem andern „fiel ab“.
Am meisten schmerzte Jacoby der „Abfall“ Twesten's,
auf den er große Stücke gehalten. Noch im Jahre 1867
hoffte er, wie er mir sagte, auf Bamberger, um bald
auch ihn zu verlieren. Nur der frühe Tod Heinrich
Simon's, dessen Biographie er herausgab, und dessen
Denkmals-Enthüllung am Wallensee er mit einer liebe-
vollen Ansprache verherrlichte, hat ihn vor der bittersten Täuschung bewahrt. Heinrich Simon hätte nach
seiner ganzen Sinnesart und seinem echt deutschen Herzen
sich offen der nationalen Partei zugesellt.

Nichtsdestoweniger nahm Jacoby — und das ge-

reicht seinen Zeitgenossen zur Ehre — bis an das Ende
seiner Erdentage eine Ausnahmestellung ein. Kein Geringerer als er durfte bedenkliche Aussprüche und Kundgebungen in die Oeffentlichkeit senden, ohne die Sympathie seiner Mitbürger vollständig zu verlieren. Der
sprichwörtliche Undank, der keinen öffentlichen Charakter
verschont, blieb ihm fern. Die Erinnerung an seine
ersten Thaten blieb bei den Zeitgenossen lebendig. Es
war ein erhebendes Schauspiel, als Delegirte der
liberalen Partei den Kranz der Verehrung auf sein
Grab legten, das die Sozialdemokraten lärmend um-
drängten, indem sie ihn als den Ihrigen, allein den
Ihrigen reklamirten.

Somit ist das Charakterbild des Dahingeschiedenen
vollendet, und ich darf zur Schilderung der Zeit zurückkehren, in der er noch, voller Manneskraft sich er-
freuend, der unbestrittene Führer, der Mann des allgemeinen Vertrauens, war.

VI.

Die öffentliche Meinung und die Presse.

Die vom Königsberger Huldigungs-Landtag, vor
Allem durch Johann Jacoby's weittönendes Wort er-
weckte öffentliche Meinung begann sich immer mehr
auszubreiten. Eine große Stadt nach der anderen sprach
ihre Gesinnung in Petitionen an die Provinz-Landtage
aus. Die Landtage der Provinzen Posen und der
Rheinprovinz erhoben nach dem der Provinz Preußen
zunächst ihre Stimme. So ward Jacoby's Wort am
Schlusse der „Vier Fragen" wahr, daß, nachdem die
Stammprovinz, die dem Staate den Namen gab, gesprochen, auch die anderen sich erheben würden. Die
später berühmt gewordenen Parlamentsredner, wie Vincke
in Westfalen, Camphausen und Beckerrath in der
Rheinproinz, verdienten in den Provinzial-Landtagen
zuerst ihre Sporen. Stettin und Breslau folgten von

den größeren Städten als die ersten dem Beispiele Königsbergs. Gegen Breslau war die Mißstimmung des Königs so groß, daß er sich zuerst bei seinem Besuche der Provinz Schlesien dort jeden Empfang verbat und die Mißhelligkeiten erst allmälig ausgeglichen werden konnten. Von den Stadtbehörden pflanzte sich der Aufschwung der Gemüther in die breiten Massen der Bürgerschaft fort. Jedermann verlangte freiere Bewegung. Das freie Wort vor Gericht ward als Oeffentlichkeit und Mündlichkeit der Gerichtsverhandlungen, das freie Wort in den städtischen Vertretungen als Oeffentlichkeit der Stadtverordneten-Versammlungen, vor Allem ward Preßfreiheit verlangt. Von Jahr zu Jahr wuchs die Erregung. Die Regierung war dem Ansturm der öffentlichen Meinung nichts weniger als gewachsen. Ihre Erklärungen klangen streng und entschieden, ihre halben Konzessionen bewiesen, daß sie die Bewegung fürchtete.

Ueberall wurden die bisherigen Fesseln ein wenig gelockert. Jede halbe Freiheit ward benutzt, die ganze zu fordern. Nur wer in jener Zeit gelebt hat, vermag sich von dem Aufschwunge der Gemüther einen Begriff zu machen. Ueberall ward der gesetzliche Weg innegehalten, aber auch vollständig benutzt. Man würde sich von der Freiheit des gedruckten Worts eine ganz irrige Vorstellung machen wenn man an die drückenden Fesseln der Zensur, die auch die leiseste Anspielung zurückhielten, dächte. Die Zeitungen führten eine ganz andere Sprache als in den bisherigen Zeiten des Absolutismus. Die Flugschriftenliteratur war eine massenhafte. Viele Zensoren übten eine milde Praxis, selbst der häufige Wechsel der Zensoren fruchtete wenig. Hier in Königsberg brachte die „Hartung'sche Zeitung" — damals eine unerhörte Neuerung! — selbst Leitartikel unter dem Titel „Inländische Zustände." Erst später wurden diese unterdrückt und zunächst in den Inseratentheil verwiesen, bis sie zuletzt ganz eingestellt werden mußten. Von den letzterschienenen dieser Artikel habe ich selbst noch einige geschrieben, die durch Jacoby's Hand zur Redaktion wanderten.

Zuerst war der Polizeipräsident Abegg, ein durchaus freisinniger, höchst liebenswürdiger und sehr populärer Mann, Zensor, dann nahm man ihm die Zensur ab und übertrug sie dem Oberlandesgerichtsrath Jarke, Abegg erhielt sie auf's Neue. Als man wiederum mit ihm unzufrieden wurde, erhielt ein eigens von Berlin dazu delegirter junger Beamter, Regierungs-Assessor v. Röder, die Zensur, und zuletzt bis zu den Märztagen Stadtgerichtsdirektor Reuter, ein hochkonservativer und sehr unbeliebter Beamter. Mit ihm hatte Jacoby einen damals viel besprochenen, mit dem höchsten Ergötzen

aufgenommenen Zensurstreit. Jacoby wollte einen be=
rühmten Ausspruch Royer=Collard's, des bekannten
französischen Deputirten, des Stifters der Doktrinäre,
über die Unabsetzbarkeit der Richter in der „Hart. Ztg."
veröffentlichen. Das Gesetz vom 29. März 1844, be=
treffend die Ver= und Absetzbarkeit der Richter, das der
Unabhängigkeit der Richter gefährlich zu sein schien, und
gegen das Heinrich Simon eine ausgezeichnete Flugschrift
herausgegeben, war der nächste Anlaß zu Jacoby's
Vorhaben. Royer=Collard führt die Regierung redend
ein; sie mahnt den Richter, leidenschafts= und furchtlos,
stets nur gerecht zu sein. Der Richter dagegen erinnert
an die Schwäche aller Sterblichen und verlangt von der
Regierung eine Garantie seiner Unabhänhigkeit. Da sagt
ihm die Regiernng nach kurzer Ueberlegung: Du sollst
unabsetzbar sein! Fürwahr ein harmloses Zitat! Und
was geschieht? Der Zensor verlangt die Angabe der
Quelle, um beurtheilen zu können, ob nicht gegen die
Nachdruckgesetze gefehlt sei. Jacoby nennt ihm: „Cormenin
Buch der Redner." Hierauf erklärt der Zensor Alles
in Ordnung nur müsse statt „die Regierung" — „eine
Regierung" gesetzt werden.

Dies Alles veröffentlichte nun Jacoby frank und
frei mit einer sehr lustigen Ueberschrift und mit noch
lustigerer Anmerkung in dem von Walesrode heraus=

gegebenen Königsberger Taschenbuch, das, über zwanzig
Bogen stark, zensurfrei war. Gegen den Zensor gab
es noch eine Beschwerde-Instanz im Ober-Zensurgericht
zu Berlin, das hin und wieder durchließ, was die Zensur
gestrichen. Aber der Schutz war nur schwach und kam
überdies für Zeitungsartikel, die flüchtigen Kinder des
Tages, zu spät. Dennoch drang das freie, gedruckte
Wort durch alle Thürspalten ein. Es regnete Bücher-
verbote, selbst der Abdruck des Gesetzes vom 22. Mai
1815 ward als zu aufregend verboten, dennoch las
Jedermann das Verbotene. Wie es in aufgeregten
Zeiten und bei einer rathlosen Regierung zu geschehen
pflegt, gab es überall kein probateres Mittel, ein Buch
in alle Kreise eindringen zu lassen, als es zu verbieten.
Was im Inlande die Druckerlaubniß nicht erhielt,
flüchtete in's Ausland und war sicher, gelesen zu werden.
So groß war die Sehnsucht nach einem freien Worte,
daß man selbst verwerfliche und maßlose Druckschriften
wie die Brandschriften von Karl Heinzen, im Geheimen
las und die heftige Sprache entschuldigte; denn Selbst-
beschränkung und Maß des Urtheils ist nur freien Zu-
ständen eigen; im unfreien Zustande, in der Uebergangs-
zeit mit ihrer Gährung ist Alles willkommen, was der
bestehenden Herrschaft opponirt. Die Druckereien des
Auslandes waren zur Aufnahme von Zensurflüchtlingen

stets bereit. Jacoby's „Vier Fragen" waren — übrigens ohne sein Wissen — in zweiter Auflage in Straßburg erschienen, seine Vertheidigungsschriften zum Theil in Mannheim bei Hoff und bei Bassermann, wie denn Mannheim damals das Eldorado freisinniger Schriftsteller war und zuletzt seine Vertheidigungsschriften selbst in Bergen in Norwegen. „Das königliche Wort Friedrich Wilhelm's III." und „Preußen im Jahre 1845" waren zuerst im Volkstaschenbuch „Vorwärts", herausgegeben von Robert Blum und Friedrich Steger, unbeanstandet von der Leipziger Zensur, erschienen. Ein neuer Abdruck erschien in Paris, Druck von Paul Renouard. Zum Nutz und Frommen des Lesers war der Preis von 10 Cent. auf dem Titelblatt angegeben.

Ueberblicken wir, was hier in den Zeitungen und Flugschriften trotz aller Zensur abgedruckt war, was von allen Windrichtungen her noch importirt wurde, so dürfen wir keinen Anstand nehmen, die zensirte Presse der vormärzlichen Zeit thatsächlich für viel freier zu erklären als die nominell freie der Zeit des „weißen Schreckens" von 1851—1857, als die chambre introuvable Preußens, die Landrathskammer, die gesetzgeberische Rückwärtsbewegung in beschleunigtem Tempo betrieb, Zeitungs-Konfiskationen, Preßprozesse Maßregelungen an der Tagesordnung waren, und die liberale Partei

auf's Aeußerste eingeschüchtert war, Dank ihrem heillos
unbesonnenen Entschlusse, sich in den Mantel der Tugend
zu hüllen und sich der Wahlen zu enthalten, was man
damals mit dem köstlichen Namen des „passiven Wider-
standes" noch als Weisheit glorifizirte. Sicherlich war
auch in dieser vormärzlichen Zeit das Wort freier,
wenigstens in den Königsberger Versuchen der Vereins-
bildung und der freien Versammlungen, worüber noch besonders zu berichten sein wird. Es gab mit einem
Male eine Partei ohne Programm, ohne Statuten,
ohne Geldbetrag und sie umfaßt den gesammten Bürger-
stand.

Die Partei war eine einheitliche. Ihr Einheits-
band war das gemeinsame Verlangen nach einer Konstitution, wie man sich damals ausdrückte, vor Allem
aber zunächst nach dem freien Worte, der unbeschränkten
Meinungsäußerung. Das Gemeinsame war also, wie
man sich damals ausdrückte, die Gesinnung, die „Ge-
sinnungstüchtigkeit". Die Kampfmittel waren das gedruckte und gesprochene Wort, die „Demonstrationen und
Proteste", die damals beliebtesten Formen der Meinungsäußerung. Professor Simson nannte die Demonstration
„eine Faust in der Tasche". Das Witzwort mag gelungen sein: wer aber damals mitten im Kampfe stand,
der ward von dem guten Willen, dem redlichen Streben

dieser ehrenhaften Menge, gerührt, den gesetzlichen Weg
einzuhalten und dennoch frei ihre Herzensmeinung
äußern, vor Allem aber „ein freies Wort" ihrer Führer
und Vertrauensmänner hören zu dürfen.

Was die Leute wollten, war nichts Ueberschwäng=
liches und noch dazu ihr gutes Recht. Die Opposition
war durchaus monarchischer Gesinnung. Wer von einer
revolutionären Bewegung oder einer Republik zu ihnen
gesprochen hätte, der würde sofort niedergeschrieen sein;
weit entfernt, auf ihn zu hören, hätte man ihn als
agent provocateur aus der Versammlung gestoßen.
Denn bei aller Allgemeinheit des Programms, bei aller
Unklarheit der Vorstellungen über das Aussehen einer
solchen Verfassung, wenn sie verwirklicht wäre, nannte
man doch immer die hervorragendste ostpreußische Eigen=
schaft sein: gesunder Verstand, und einem solchen erschien
ein preußischer Staat ohne König als ein undenkbarer
Unsinn und als ein nicht geringerer der Aufstand einer
unbewaffneten Menge gegen eine organisirte Macht,
zumal man doch durch Beharren auf dem gesetzlichen
Wege und den steigenden, zuletzt unwiderstehlichen mora=
lischen Eindruck Alles zu erreichen hoffte — eine Mei=
nung, die man noch heute für eine wohlbegründete
halten darf.

So glaubte man damals allen Ernstes, daß die

Zensur bald von selbst aufhören würde, da sich bald
kein Zensor mehr finden würde. Hätte nun auch ein
maßloser Redner mit unsinnigen Vorschlägen kein Gehör
gefunden, so war man doch gegenüber dem gedruckten
Worte, besonders, wenn es sich in poetischer Form,
als politische Lyrik einschmeichelte, weitherzig tolerant,
und der Republikaner Herwegh fand begeisterte Be=
wunderer — seine schönen Verse wenigstens, wenn man
auch durchaus nicht mit ihm begehrte, gegen das
„Frankenkind“ und den „Zaren“, des Königs Schwager,
in's Lager geführt zu werden; aber die Verse blieben
immerhin schön und die Reime waren nicht gewöhnlich.
Von deutscher Gesinnung war wenig zu spüren. Man
wollte ein freies Preußen und glaubte, daß dann das
Uebrige sich finden würde, und hierin hatte man nicht
Unrecht. Die Provinzen Preußen und Posen gehörten
überdies nicht zum deutschen Bunde und man begehrte
nicht nach dem Glücke, mit dem Bundestage in nähere
Berührung zu kommen. Selbst im Jahre 1848 fand
die deutsche Einheitsbewegung hier kein so warmes Ver=
ständniß als in den deutschen Kleinstaaten, aus sehr
natürlichen Gründen, kein solches Verständniß, als die
Fragen politischer Freiheit. Erst die großen Ereignisse
der Jahre 1866 und 1870 haben die deutschen Ge=
sinnung, das Gefühl der Zusammengehörigkeit, voll=

ständig erweckt. Kaiser und Reich, ein deutscher Reichstag mit direktem allgemeinen Wahlrecht, ein deutsches
Heer, eine deutsche Flotte, eine deutsche Münze, ein
deutsches Rechtsverfahren: das prägt sich schneller und
tiefer ein als alle akademischen Lobpreisungen und
Empfehlungen in Parlamenten und Versammlungen.

VII.

Ludwig Walesrode und Rudolf Gottschall.

In den Dienst der neuen Bewegung traten immer neue Elemente der Kunst und der Literatur. Der Karrikaturenzeichner wie der Humorist standen auf der liberalen Seite. Die damaligen Königsberger Karrikaturen, fast unverständlich für den mit den lokalen Beziehungen Unbekannten, waren nur von sehr mäßigem Witze und wurden bald ganz eingestellt. Ergiebiger floß die Quelle des Humors. Im Winter von 1841—42 hielt hier Ludwig Walesrode eine Reihe von Vorlesungen, Glossen zur Zeitgeschichte, die durch sprühenden Witz höchlich ergötzten und von der Elite der Gesellschaft besucht wurden. Er gab seine Vorlesungen später heraus und ward mit einem Schlage ein berühmter Mann, freilich, wie es mit Erzeugnissen des Tages und für den Tag zu geschehen pflegt, nur für eine gemessene Zeit.

Der bedeutende Königsberger Erfolg ermuthigte ihn, seine Vorlesungen auch in anderen großen Städten zu wiederholen, und die ihm dort zu Theil werdenden Ovationen erfreuten ihn nicht wenig. Er pflegte, zurück= gekehrt, im engeren Freundeskreise gern ein lustiges Abenteuer zu erzählen, das er bei solcher Gelegenheit erlebt hatte. In Leipzig traf er mit Hoffmann von Fallersleben, dem Breslauer Professor zusammen, der eben wegen seiner „unpolitischen Lieder" sein akademisches Lehramt verloren hatte. Der liebenswürdige Dichter war einer größeren Menschenmenge gegenüber blöde und wortscheu. Als nun beiden Männern in Leipzig eine größere Ovation bereitet wurde und die gedrängte Schaar vor dem Hotel auf das Erscheinen der Gefeierten wartete, war zwar Walesrode, der Redefertige, schnell zu einer Ansprache bereit, Hoffmann war aber nicht zu bewegen, hervorzutreten. Auf Walesrodes dringendste Vorstellungen, daß er sich einem Danke für die Huldigung nicht entziehen dürfe, trat er endlich zögernd hervor und declamirte:

> Ich bin Professor gewesen,
> Was aber bin ich jetzt?
> Einst durft ich Collegia lesen,
> Jetzt bin ich abgesetzt — u. s. w.

Stürmischer Beifall. In Dresden dieselbe Scene. Hoff= mann setzt allen Vorstellungen Walesrodes den zähesten

Widerstand entgegen. Endlich erscheint er, „der Noth ge=
horchend, nicht dem eigenen Trieb," räuspert sich und spricht:

Ich bin Professor gewesen u. s. w.

Sein Liederfüllhorn war reich, aber als Redner
spendete er nur diese eine Blüthe.

Walesrode versprach, einer unsrer besten Humoristen
zu werden, aber er hielt nicht, was er versprochen.
Außer einigen kleinen, liebenswürdigen Gaben hat er
nichts geleistet. Die hauptsächlichste Ursache dieser
Sterilität war eine Schwierigkeit der Production, wie
ich sie bisher bei keinem Schriftsteller beobachtet. So
leicht hingeworfen sich Alles las, so anmuthig es dahin=
schwebte, es war eine Schwergeburt. Daher war er
zum Niederschreiben so unlustig als möglich. Er schob
jede Arbeit auf und ging endlich mit Widerwillen an
die Arbeit. In einer übermüthigen Laune hob einmal
Gottschall im Freundeskreise plötzlich zu improvisiren an:

> Walesrode,
> Episode
> In der Literatur
> Nur

worauf der schlagfertige Walesrode zu allgemeinem Er=
götzen erwiderte:

> Rudolf Gottschall
> Nichts als Wortschwall,
> Poesie
> Nie!

Was an diesem heiteren Duett die Hörer besonders anmuthete, war nicht so sehr der schnelle Witz, als die außerordentliche innere Wahrheit der Replik, das heißt die damalige Wahrheit; denn die spätere Entwickelung des hochbegabten Dichters hat Walesrode nicht Recht gegeben. War er doch auch der vollendete Gegensatz des Letzteren; er producirte leicht und schnell und war einer unserer fruchtbarsten und fleißigsten Schriftsteller.

Kurz vor dieser Scene hatte Gottschall's äußeres Leben die erste Prüfung zu bestehen. Er sollte in der ersten Demonstration, welche die neue Bewegung in Königsberg hervorrief, nach der Meinung der akademischen Behörde eine hervorragende Rolle gespielt haben. Walesrode hatte nämlich auch Vorlesungen für Studenten angekündigt und Gottschall hatte den betreffenden An= schlag am schwarzen Brett gemacht. Der damalige Prorector, Geh. Rath Schubert, verbot diese Vorlesungen. Darob große Entrüstung bei Landsmannschaften und Burschenschaft, die in einer Katzenmusik und einem viel= stimmigen Pereat explodirte. In der Menge war Gottschall bemerkt, der hochverdächtig war, da er die Vorlesungen am schwarzen Brett angezeigt hatte. Er erhielt darauf mit fünf Anderen das consilium abeundi.

Im Winter 1842 sollte ein nach Königsberg be= rufener Professor der Theologie Dr. Hävernick, seine

Antrittsvorlesung halten. Die pietistisch-orthodoxe
Haltung des Ministers Eichhorn, von welchem diese
Berufung ausging, hatte längst Mißfallen erregt. Dem
neuen Professor ging der Ruf voraus, daß er der
strengsten orthodoxen Richtung angehöre und überdies
in Halle gegen seine rationalistischen Lehrer, die Professoren
Gesenius und Wegscheider, in sehr peinliche Opposition
getreten sei. Genug für unsere akademische Jugend, um
eine ausdrucksvolle Demonstration zu insceniren, welche
von einer Ovation sehr verschieden war. In gedrängten
Massen besetzten Studenten aller Facultäten das
Auditorium, die Thüren mußten geöffnet werden, auch
die Treppe war besetzt. Kaum hatte der neue Professor
die ersten Sätze seiner Vorlesung begonnen, als die
Menge mit Geräusch den Saal verließ, so daß er bald
sich allein darin befand, und als er nun fortging, hatte
er noch ein sehr übelwollendes Spalier von Musen=
söhnen zu passiren. Kein verständiger Mensch wird
derartige Scenen billigen, aber der Jugend wird Manches
verziehen, und als Zeichen der Zeit regte es doch zum
Nachdenken an. Von Berlin lief die Anordnung
strengster Untersuchung ein. Mannigfache Strafen
wurden verhängt, eine große Zahl von Studenten erhielt
eine Prorectoratsrüge. Man erzählte damals, daß der
zeitige Prorector, Geheimrath Burbach, die Studenten,

nachdem er ihnen die Rüge ertheilt, ermahnt habe, später als Männer stets ihrer Ueberzeugung zu folgen. Gleichzeitig hatten damals die Studirenden dem frei= sinnigen Professor von Lengerke, dem ausgezeichneten Dichter, der auf Anregung des Ministers Eichhorn aus der theologischen in die philosophische Facultät versetzt war, ein Hoch dargebracht.

VIII.

Von Königsberg nach Berlin.

In dieser Zeit hatte ich bereits mein Abgangs=
zeugniß genommen und ging nach Berlin zur Ablegung
der medicinischen Staatsprüfnng. Welch ein Gegen=
satz gegen die frische und lebendige Bewegung meiner
Vaterstadt! Stille überall! Kein Lüftchen kräuselte die
glatte Fläche. Hier und da ward ich um Auskunft ge=
beten, wie es denn eigentlich in Königsberg aussehe.
Meine Examinatoren, Koryphäen der Wissenschaft, er=
kundigten sich eifrig nach Johann Jacoby. Natürlich
antwortete ich meinen Commilitonen auf die Frage nach
meiner Geburtsstadt mit nicht minderem Stolze: „Ich
bin aus Königsberg", als der Römer sein „civis
Romanus sum" verkündete. Ich erinnere mich noch
einer komischen Scene. An einem heiteren Sommer=
abend saßen wir jungen Doctoren in einem öffentlichen

Garten in Halle, wohin ich einen kurzen Ausflug ge=
macht. Freundliches Gespräch von Tisch zu Tisch.
Mich fesselte ein junger, ernster, sehr liebenswürdiger
Coll=ge. Nach langer Unterhaltung kamen wir erst auf die
Frage nach Namen und Heimat. Ich nenne ihm mein
Königsberg „Und Sie?" fragte ich. Lachen Sie mich
nicht aus," antwortete er mir, „ich bin aus Potsdam."
Wir mußten beide herzlich lachen.

In Berlin galt es ernste Arbeit, aber so viel Zeit
mußte erübrigt werden, bei jedem der berühmten Ge=
lehrten von europäischem Rufe ein wenig zu hospitiren.
So hörte ich einige Male den eleganten und eindring=
lichen Vortrag Rankes: ich hörte Jacob Grimm und
fühlte mich zu dem schlichten, deutschen Manne mit seinem
ehrwürdigen, weißen Haare innig hingezogen. Ich ging
auch in ein Collegium Schellings, der in seine mystische
letzte Periode gerathen, die „Philosophie der Offen=
barung", nur höher organisirten Naturen verständlich,
vor einem exquisiten Auditorium von Geheimräthen und
Offizieren las, in der vordersten Reihe leuchtete das
lange, weiße Haar des Generalsuperintendenten Neander.
Auch Stahl wollte ich nicht versäumen, dem wir das
geflügelte Wort verdanken, daß die Wissenschaft um=
kehren müsse — und ich traf es glücklich. Er deducirte
eben, daß Friedrich Wilhelm III. durch das Gesetz vom

22. Mai 1815 durchaus kein bindendes Versprechen einer Verfassung gegeben, und ich verwunderte mich höchlich über das allgemeine Scharren mit den Füßen, das diesen Worten folgte. Also auch hier schon „schlechte Gesinnung".

In unerfahrener Jugendwallung beschloß ich auch, einem hochverehrten Dichter, der eben nach Berlin berufen war, die Belästigung eines persönlichen Huldigungsbesuchs nicht zu ersparen, und so ging ich an einem schönen Tage zu Friedrich Rückert. Der Dichter nahm mich an. Die hohe Gestalt, der mächtige Kopf mit dem langen grauen Gelock imponirte mir gewaltig. Er erkundigte sich bei mir nach den Königsberger Verhältnissen und sprach seine Mißbilligung über den dort herrschenden Geist aus. Man verkenne die Absichten des Königs, welche die besten seien. Ich vertheidigte meine Landsleute bescheiden, wie es sich dem Dichter gegenüber geziemte.

Natürlich konnte ich es mir auch nicht versagen Georg Herwegh, der soeben nach dem Eldorado freier Gesinnung, Königsberg, reisen wollte, auf seiner Durchreise in Berlin zu besuchen und mich ihm als Sohn Königsbergs vorzustellen. Der bleiche, noch jugendliche Mann mit dem brennenden dunklen Auge, der mir freundlich entgegentrat, war mir sofort sympathisch.

6*

Kurz vorher hatte ihn der König durch Geheimrath
Schönlein, der Herwegh von Zürich her kannte, sich
vorstellen lassen und mit ihm ein ziemlich pikantes Gespräch geführt. Wie wenig ahnte ich damals, daß
Herweghs Talent sich in dem ersten Theile der „Gedichte eines Lebendigen" vollständig erschöpft und die
Welt nichts weiter von ihm zu erwarten habe als einige
politische Thorheiten, mittelmäßige, schriftstellerische Leistungen und eine haltlose Lebensführung.

Berlin hatte damals keine Spur einer öffentlichen
Meinung. Schüchterne Versuche, neue Preßorgane selbst
nur zur Besprechung lokaler Angelegenheiten zu gründen,
begegneten allerlei Hindernissen. Die Besprechung öffentlicher Angelegenheiten flüchtete sich in kleine Conventikel.
Ein politisch sehr avancirter Vetter führte mich in den
„Klub der Freien" ein, von dem ich viel Uebertriebenes
und Fabelhaftes gehört hatte. In einem reservirten
Zimmer eines Restaurants waren sechs oder acht meistens
junge Männer, die dort aßen und tranken, wie andere
Sterbliche, weiblich kannegießerten und die Dinge von
dem Standpunkte höherer Ironie betrachteten und durch-
hechelten. Staatsgefährliches lag nicht in diesem harm-
losen Treiben, und daraus zu lernen, war auch nichts.
Es waren aber zum Theil interessante Persönlichkeiten
Da sah ich Ludwig Buhl, Eduard Meyen, vor

Allem Bruno Bauer, den damals Vielgenannten, und Rutenberg, den vormaligen Redacteur der eben unterdrückten „Rheinischen Zeitung" in Köln. Ganz vor Kurzem war Bruno Bauer, dem Privatdocenten in Bonn, die Erlaubniß, Vorlesungen zu halten, wegen seiner Aufsehen erregenden „Kritik der Synoptiker" entzogen. Sein Bruder Edgar, zu ihm mit Verehrung emporblickend, suchte ihn an Keckheit noch zu überbieten. Decennien später stehen wir Ostpreußen noch immer als Verfechter eines vernünftigen Liberalismus auf dem altgewohnten Standpunkte, die Brüder Bauer dagegen sind vermöge eines psychologisch merkwürdigen Gedankensprunges — an ihrer Aufrichtigkeit soll nicht gezweifelt werden — bis zur Anbetung der Knute und einem reumüthigen Bekenntnisse vor dem Richterstuhl des Absolutismus gelangt. Doch das waren nur Erholungsepisoden meines Berliner Aufenthalts. Während ich mich nun in den Ernst des Examen vertiefte, feierte man Herwegh in Königsberg mit einem sehr stürmisch verlaufenden Banket, hochfliegenden Toasten, deren einen in offenbar sehr animirten Stimmung einer der scharfsinnigsten Advocaten Königsbergs, Oberlandesgerichtsrath Crelinger, ein Verwandter der berühmten Schauspielerin, ausbrachte. Eine gerichtliche Untersuchung war die Folge dieses Toastes, die zunächst für Crelinger keinen schlimmen Ausgang nahm.

Ernster war für ihn ein zweiter Vorgang. Unter
den Verlags-Buchhändlern Königsbergs waren Voigt
und Theodor Theile Diejenigen, welche vorherrschend
liberale Literatur verlegten. Bei Voigt war eine Sammlung historischer Daten, chronologisch geordnet, ohne
Zwischenbemerkung unter dem Titel: „Materialien zur
Regierungsgeschichte Friedrich Wilhelms IV." erschienen.
Die Sammlung enthielt ein buntes Gemisch von Ver-
ordnungen, Gesetzen, Bücherverboten u. s. w., wie sie vom
7. Juni 1840 bis zum 26. Juli 1844 erschienen war.
Die Hefte waren unter Zensur erschienen und es schien
unmöglich, dieser rein thatsächlichen Zusammenstellung
etwas anzuhaben. Der Staatsanwalt in Berlin beantragte nichtsdestoweniger bei dem Ober-Zensurgerichte in
Berlin nach den Bestimmungen des betreffenden Zensurge-
setzes ein Debitsverbot gegen das dritte Heft der Materialien
zu erlassen. Der Staatsanwalt findet in seiner Klage-
schrift die Zusammenstellung tendenziös, geeignet, Mißvergnügen gegen die Regierung zu erregen, die Schrift
demnach gemeingefährlich. Die Klagebeantwortung
aus der Feder Crelingers war ein Meisterstück von
Sarkasmus und feinster historisch-juristischer Deduction,
freilich erfolglos; denn das Obercensurgericht sprach das
Debitsverbot aus. Die Vertheidigungsschrift Crelingers
war in dem von Walesrode herausgegebenen „Königs-

berger Taschenbuch" abgedruckt, Crelinger, der hier die
bedeutendste Praxis als Anwalt hatte und für eine
Kapacität ersten Ranges galt, ward darauf nach einem
kleinen Neste der Provinz Posen versetzt. Crelinger
lehnte diese Ortsveränderung ab, legte sein Amt nieder
und ging nach Berlin. Bald glänzte sein Name dort
als der des Vertheidigers im Polenprocesse des Jahres
1847. Seine völlig neue und scharfsinnige Inter=
pretation der landrechtlichen Bestimmungen über den Hoch=
verrath erregte in juristischen Kreisen das größte Auf=
sehen. Später, unseres Wissens zum letzten Male, ward
dann sein Name unter den Berliner Kandidaten zur
Nationalversammlung genannt, er zog jedoch seine
Kandidatur zurück. Sein Schicksalsgenosse war damals
der inzwischen von Königsberg nach Berlin berufene
Mathematiker Jacobi. Ein wißbegieriger Wahlmann
interpellirte den berühmten Gelehrten, wie er über das
allgemeine directe Wahlrecht denke. Jacobi antwortete
unter stürmischer Heiterkeit, daß er sich für diese wichtige
Frage eine vierundzwanzigstündige Bedenkzeit ausbitten
müsse. Natürlich erschien Jacobi und wohl der Mehr=
zahl der damaligen Politiker dies Wahlrecht als die ge=
wagteste und gefährlichste Maßregel, die erdacht werden
könne, lediglich geschaffen, Proletarier und Klubredner
zu Abgeordneten zu machen. Mit welchem Staunen

hätte Jacobi es erlebt, daß Bismarck ohne langes Kopf=
zerbrechen dies Wahlrecht in's Leben rief, das viel
häufiger Fürsten, Grafen und Geheime Commerzien=
räthe zu Abgeordneten macht, als Vertreter der misera
contribuens plebs.

Der oben genannte Buchhändler T h e o b o r T h e i l e
war in einen der merkwürdigsten Preßprocesse verwickelt,
der noch heute das höchste Interesse beanspruchen kann.
Er war Verleger einer kleinen Flugschrift, welche „Nach=
trägliche Erinnerungen an die 300jährige Jubelfeier der
Albertina (1844) von Mir" betitelt war. Durch die=
selbe hielt der commandirende General Graf zu Dohna
die Offiziere für beleidigt und reichte einen Strafantrag
bei dem Gerichte ein. Wegen mangelnder Legitimation ab=
gewiesen, veranlaßte er sämmtliche Premier= und Sekonde=
lieutenants der Garnison auf Bestrafung anzutragen.
Die Verantwortung traf den Verleger Theile, da er
den Verfasser zu nennen, weigerte. Der Straffenat des
Oberlandesgerichts verfügte nunmehr die Untersuchung.
Der gleichzeitige Strafantrag gegen den Zensor, Re=
gierungsrath Schmitz, ward vom Gerichtshofe zurück=
gewiesen. Crelinger deducirte in meisterhaften Ver=
theidigungsschriften, daß nicht einzelne Personen, sondern
der Stand angegriffen sei und das Gesetz eine be=
sondere Standesehre nicht schütze und sodann, daß der

Verleger einer cenſirten Schrift ſtraflos ſei. Beiden Anſchauungen widerſprachen die Erkenntniſſe des Stadt= gerichts und Oberlandesgerichts, des letzteren insbeſondere deshalb, weil an der Verantwortlichkeit des Verlegers für Privatbeleidigungen durch den Umſtand, daß die Schrift cenſirt ſei, nichts geändert werde. Demnach ward Theile zu einer zweimonatlichen Gefängnißſtrafe verurtheilt, die er auch verbüßte, ohne den Verfaſſer, über deſſen Perſon damals zwar Vermuthungen curſirten, etwas Gewiſſes aber niemals zu ermitteln war, genannt zu haben. Das ganze Ereigniß ſtand mit dem damaligen, unerquicklichen Verhältniſſe zwiſchen Bürgerſchaft und Militär in innerem Zuſammenhange. Es hat heute glücklicherweiſe nur hiſtoriſche Bedeutung. Heer und Volk ſtehen heute in innigſter Gemeinſchaft ruhmvoller Erinnerungen.

IX.

Friedrich Wilhelm IV., Minister Eichhorn und die dritte Säkularfeier der Universität Königsberg.

Die dreihundertjährige Jubelfeier der Königsberger Universität, der Albertina, im Jahre 1844, war unstreitig ein denkwürdiger Markstein im Verlaufe der Königsberger liberalen Bewegung. Bisher hatte der liberale Gedanke sich durch Flugschriften und Zeitungsblätter verbreitet. Von diesem Gedenkfeste ab dürstete Alles nach persönlicher Aussprache, nach unmittelbarer Gedankenmittheilung. Es konnte nur noch eine Frage kurzer Zeit sein, bis sich Vereine bildeten und große Volksversammlungen zusammentraten. Denn hier bei dieser unvergeßlichen Feier, bei der weit über tausend einstmalige Söhne der Albertina zusammenkamen, Männer aller Altersstufen — der älteste hatte im Jahre 1776 die Universität bezogen — der verschiedensten Berufsarten, wo neben der Erneuerung persönlicher Beziehungen, dem frohwehmüthigen Wiedersehen nach Jahrzehnte langer Trennung, auch ideale Gedanken, die Forderungen der Zeit, die höheren Pflichten des Bürgerthums, die Würde der freien Wissenschaft sich von selbst auch dem stumpfsten Gemüthe aufdrängten; da trat wenigstens für die Tage der Feier jede ängstliche Rücksicht in den Hintergrund, man gab und empfing, was auf Aller Lippen lag. Dazu war die Bewegung die freieste und unbeschränkteste, die Königsberg seit langer Zeit gesehen. Außerhalb der geräumigen Versammlungslokale, in denen die alten Studenten der verschiedensten Jahrgänge einander zu treffen, sicher waren, auf Straßen und Plätzen wurden Ansprachen gehalten, improvisirte Festzüge und Ovationen für die Männer der Tages, Burdach und Lobeck, arrangirt. Für die alten Studenten war jede polizeiliche Beschränkung auf Anordnung des Polizeipräsidenten Abegg aufgehoben. Freilich trübte auch kein Mißton das Fest. Es bestanden zwei Festkommissionen, eine offizielle des Senats der Universität und eine in großer Versammlung ehemaliger Studirender erwählte, welche sich „Festkomité ehemaliger Universitätsgenossen" nannnte. In dieser fungirte auch Johann Jacoby. Beide Comités, anfangs sich fremd, gingen später einträchtig mit einander und kombinirten ihr Festprogramm, das sich auf die ganze Woche vom 26. August bis 1. September ausdehnte.

Seit 36 Jahren, also seit 1808, war König Friedrich Wilhelm IV. Rektor der Universität. Es erschien undenkbar, daß das Fest ohne ihn gefeiert werden sollte, und doch war seine Betheiligung am Feste bis zu sehr später Stunde zweifelhaft. Welch tiefe Veränderung seit so kurzer Vergangenheit! Noch waren nicht vier Jahre vergangen, seit der König hier mit unbeschreiblichem Enthusiasmus empfangen, sich in voller Herzensfreude jeder Huldigung hingab und unermüdlich für Alle, jeden Beruf, jede Gelegenheit, jedes Entgegenkommen ein offenes Ohr und ein herzgewinnendes, freundliches Wort hatte. Jetzt war er vom tiefsten Mißmuth gegen Königsberg erfüllt. Er hatte diesem Mißmuth bereits im Gespräche mit Georg Herwegh bitteren Ausdruck gegeben; besonders der Universität zürnte der König. Bereits am 21. Juli 1842 hatte er in einer Audienz, die einer Deputation der Universität gewährt war, in ernsten Worten seinen Tadel gegen den Senat wegen seiner Beschwerde über den Minister Eichhorn in der Hävernick'schen Angelegenheit ausgesprochen. Eichhorn sei ein „Ehrenmann". Auch über Professor Hävernick hatte er sich entschuldigend und lobend geäußert. Der Senat der Universität hatte sich nunmehr in zwei Eingaben, am 11. November 1843

und 7. März 1844, an den König mit Vorschlägen
wegen der Feier des Jubiläums gewendet und hatte
anfangs Mai 1844 noch keine Antwort erhalten. Am
3. Mai 1844 endlich theilte der Kultusminister Eichhorn
dem Senat mit, daß des Königs Anwesenheit sehr
zweifelhaft und von gewissen Umständen abhängig sei.
Am 18. Mai wendete sich der Senat nochmals an den
König mit einer loyal, aber würdig gehaltenen Eingabe,
bat um seine persönliche Theilnahme am Feste, da sonst
eine wahre und volle Festfreude unmöglich sein würde,
und erachtete gerade die Anwesenheit des Königs als
die beste Gelegenheit, der Universität den Grund seines
Zürnens kundzugeben und ihr die Möglichkeit einer
Rechtfertigung zu gewähren. Bereits am 28. Mai erfolgte eine Antwort des Königs, welche den guten Eindruck, den das Schreiben des Senats gemacht, wieder-
spiegelte. Der König gab zugleich seine Ansichten über
die Aufgabe der Wissenschaften kund und enthüllte damit
die Ursache seines Zürnens. „Alle wahrhaft freie
Wissenschaft — so heißt es — anerkennt und ehrt ihre
Freiheit in der Heilighaltung und somit auch in ent-
schlossener Vertheidigung der göttlichen und der darauf
gegründeten menschlichen Ordnungen gegen zuchtlose
Phantasie, welche, die schönen Namen der Freiheit
und Wissenschaft mißbrauchend, sich von jeder Aner-

kennungsehrfurcht lossagen möchte. Die Universität möge sich selbst sagen, ob sie in der letzten Zeit ihren Beruf zu solcher Vertretung überall klar erkannt habe. Jedoch solle das Vergangene vergessen sein." Hiermit schien Alles für die Feier geebnet, aber die vorhandenen Gegensätze ließen sich durch keine Vermittelung vereinbaren. Der freie Geist der Feier brach unaufhaltsam durch. Das offizielle Comité beobachtete eine würdige und maßvolle Haltung, das freie Comité ließ den neuen Geist unbehindert walten. Der König beschränkte seine Theilnahme auf das Unerläßliche und fühlte sich offenbar in dieser Atmosphäre nicht behaglich. Bei zahlreichen Festlichkeiten hatte man seine Anwesenheit erwartet, er ließ jedoch absagen.

Aus diesen bewegten Tagen treten zwei Männer hervor, deren Haltung allgemeine, sympathische Begeisterung erregte. Sie gehörten Beide in hervorragenden Stellungen der Universität an: Burdach und Lobeck. Der Eine, Burdach, Geheimer Medizinalrath, damals Prorektor, bereits in vorgerückten Jahren, entzückte Alle durch die unvergleichliche, geistige Beweglichkeit und Gewandtheit, mit der er für jede glückwünschende Deputation: fremde Universitäten, Kaufmannschaft, Stände, Geistlichkeit u. s. w. das passende, niemals blos konventionelle, sondern stets gedankenreiche und treffende

Wort fand. Aber vor Allem hatte er am Vorabend des Festbeginns dem Minister Eichhorn eine so mannhafte und kräftige Antwort gegeben, daß unter den Tausenden von Festgenossen anfangs von nichts Anderem die Rede war. Der Minister hatte die Professoren um sich versammelt, um ihnen ein vollständiges Glaubensbekenntniß in Betreff der Universität klar zu legen. Der König sei durch und durch christlich, auch er, der Minister, sei es. Es sei ein Mißverständniß, der Regierung vorzuwerfen, daß sie die Lehrfreiheit beschränke. Einzelne Wissenschaften ständen jedoch in direkter, andere in indirekter Beziehung zum Staate. Die Naturwissenschaften müßten selbstverständlich vollständige Freiheit haben, aber Philosophie, Geschichte, Theologie und Jurisprudenz müßten erwägen, daß der Staat bestimmte Formen habe und sich auch in diesen Formen weiter entwickeln müsse. Die Königsberger Universität habe sich stets durch die Schärfe ihrer Kritik hervorgethan; um so auffallender sei es, daß in letzter Zeit in Betreff der Maßregeln der Regierung nicht die richtige Kritik angewendet sei. Die Professoren hätten die Homogenität zwischen dem König und seinen Rathgebern verkannt, selbst zu trüben gesucht. Jetzt sei Alles vergeben und vergessen u. s. w. Der Professor Burdach antwortete, der Flor unserer Universität datire von der freien Ent=

wickelung der Philosophie, welche die dogmatische Meta-
physik und die bürgerlichen und gesellschaftlichen Verhältnisse
der Menschen beleuchtet. Ein Rückschritt sei unmöglich,
aber manchmal müsse man ihn befürchten. Die Professoren hätten ihre Befürchtungen eines Rückschritts da
angebracht, wo Pflicht und Gewissen es erheischten: sie
ständen daher mit dem Gefühle unverletzter
Pflichttreue vor dem Minister. Er selbst denke
mit Begeisterung an die edle Richtung, welche die deutsche
Jugend zur Zeit der Burschenschaft eingeschlagen. Es
sei das höchste Glück seines Lebens, daß der Beginn
seines Lehramts in Königsberg in diese Zeit gefallen.
Trotz einzelner, vorgekommener Verirrungen dürfe man
der Jugend vertrauen. Hatten schon diese Worte große
Anerkennung gefunden, so war die Antwort Burdach's
bei Empfang der Deputationen auf die Ansprache der
Vertreter des Provinzial = Schulkollegiums geradezu
zündend. Burdach erinnerte an die Zeit, da der alte
Dinter, der berühmte freisinnige und volksthümliche
Schulmann, Mitglied des Provinzial=Schulkollegiums
war, er, der die geistige Volksbildung begründet. Sein
Geist und seine Wirksamkeit werden nimmermehr
verkannt werden, und, als ihn bei dieser Stelle ein
Beifallssturm der Zuhörer unterbrach, da rief der würdige,
stets gehaltene Gelehrte zu Aller Bewunderung: „Das

ist die Stimme des Volkes, die Stimme der Wahrheit. Wir Alle sind mit ihr einverstanden." Die grandiose Weihe, welche auf dem Empfang der Deputationen, aller Behörden, aller Korporationen der Stadt und Provinz, ferner Universitäten, wie Tübingen, Würzburg, Bonn, Zürich u. A. lag, erfüllte noch die zahlreiche Festversammlung, als ein stürmisches Lebehoch auf Burdach und seine würdige Vertretung der Universität durchbrach und an den hohen Wölbungen der Aula wiederhallte.

Wenige Tage später versammelte sich auf Johann Jacoby's Aufforderung eine Menge von mehr als tausend Festgenossen auf einem öffentlichen Platze, um einen Festzug der Huldigung zu Burdach's Wohnung zu formiren. Man hielt ein Ehrengeschenk für Burdach bereit. Mit einem Musikkorps an der Spitze zogen mehr als 1500 Festgenossen, Arm in Arm, sich unterwegs durch immer neue Theilnehmer vermehrend, durch die belebtesten Straßen zu Burdach's Wohnung. Landrath v. Auerswald war der Sprecher, nach ihm sprach Bürgermeister Sperling. Dieser überreichte Burdach das Festgeschenk, den silbernen Pokal mit silbernem Kredenzteller. Burdach's schlichte Antwort ergriff Alle auf's Tiefste.

Der Held der Festtage selbst, Gelehrter von euro=

päischem Ruf, war Geheimrath Lobeck. Aus der Stille
seines Studirzimmers, der Geburtsstätte klassischer Werke,
trat er nun bei der Feier, die in Gegenwart des Königs
im Dome stattfand, als akademischer Redner mit einer
Ansprache hervor, die durch die Gewalt der Gedanken,
die kühne Perspektive auf eine große Zukunft, die un=
vergleichliche Erhabenheit der Sprache Alle hinriß und
noch heute bei der einfachen Lektüre Alle hinreißt. Die
Tage der Säkularfeier — so begann er — hat nach
der alten Säkularformel Niemand vorher gesehen, und
Niemand wird sie wiedersehen. Nach einem kurzem Ueber=
blicke über die Geschichte der Universität, seit der Stiftung
bis auf Kant, bezeichnete er ihn als den Lehrer, der die
Universität erst berühmt gemacht. Jetzt an der Grenz=
scheide zweier Jahrhunderte, blickte der Redner auf die
Gefahren der Zukunft, die schlimmen Zeichen der Zeit.
Die Eumeniden der Glaubenszwietracht träten wieder
hervor, die er mit Aeschylos Worten kennzeichet:

> Geistverwirrend, herzbethörend,
> Seelenfesselnd, sonder Leier,
> Schallt der Hymnos der Erinnyen.

Er berührt bedenkliche Erscheinungen in der Kirche
unserer Tage. Ein zweiter Feind ist ihm der Andrang
materieller Interessen, und endlich „der Pharisäismus
der Wissenschaft, die Heuchelei genialer Erleuchtung,

welche den Resultaten ernster Forschung das Gaukel=
werk spielender Kombinationen entgegenstellt." Mitten
unter diesen Anzeichen nahender Geistesverdunkelung
tröstet den Redner der Glaube an die Kraft der Wahr=
heit. Und wenn dem neuen Albertinum — dessen Grund=
stein der König legen sollte — auch noch ein drittes
Jahrhundert beschieden sein sollte, dennoch käme einst
„der Tag, da die heilige Ilios hinsinkt," sei es durch
die Allgewalt des Schicksals, das alle Formen des
Geisteslebens wandelt, sei es, daß die Scheidewand
zwischen Schule und Leben fällt und alle Lehrvereine
in der wahren Universitas, in der einen Gemeinde aller
edlen Geister aufgehn: denn „die Kunst ist lang, aber
das Leben ewig."

Sofort nach der am folgenden Tage stattfindenden
Grundsteinlegung zur neuen Universität — deren
vollendeten Hochbau der gegenwärtige Rektor der Uni=
versität, unser allverehrter Kronprinz im Jahre 1862
feierlich einweihte — begab sich ein stattlicher Festzug
alter Universitätsgenossen, von zwei Musikchören be=
gleitet, zu Lobeck's Wohnung. Dort feierliche Ansprache,
Ueberreichung eines silbernen Pokals durch Kriminal=
rath Sterle (Amanuensis Kant's in den Jahren 1794
— 1796), einen der ältesten Festgenossen. Lobeck dankt
in würdigen Worten. Schon will man heimziehen, als

7*

man vernimmt, daß Lobeck auf's Schloß zum Diner sich begeben wolle. Man bittet ihn um die Ehre, ihm das Geleit geben zu dürfen. So wird er feierlich von dem mächtigen Zuge zur alten Universität geleitet, dort bringt er der Albertina und ein Festgenosse den Manen Kant's, dort an der Grabstätte des großen Denkers im Universitätshofe, der Stoa Kantiana, ein Hoch aus und dann fährt Lobeck unter allgemeinem Zurufe der zahllosen Menge nach dem Schlosse.

Das waren herzerhebende Episoden der denkwürdigen Feier. Diese Huldigungen galten der Entschiedenheit, mit der die beiden berühmten Gelehrten für die Freiheit der Wissenschaft eingetreten waren. Hier lag der geistige Inhalt des Festes. Alles Andere trat zurück. Das mußte dem Minister Eichhorn wohl zu denken geben und nicht minder der Ton, der auf dem Festmahl von früheren Universitätsgenossen erklang, die Trinksprüche Johann Jacoby's auf Burdach, des Oberlandgerichtsraths Pfeiffer auf den freien Geist der Wissenschaft, des Provinziallandtags = Abgeordneten v. Sancken-Julienfelde auf Schön, die Trinksprüche auf Lobeck, auf Oeffentlichkeit und Mündlichkeit der Rechtspflege.

Die Feier der Grundsteinlegung zur neuen Universität ging unter allgemeiner Theilnahme vor sich. Der

König stieg die Treppe zur Baugrube hinunter und
that den ersten Hammerschlag. Bemerkenswerth war
die Ansprache, die darauf der König an die Versamm=
lung richtete. Seine hohe, rednerische Begabung, die
Pracht der Bilder verleugnete sich auch hier nicht; aber
wie hatte sich die Gesinnung der Hörer gewandelt, wie
sehr ihre Empfänglichkeit für die Gedanken, an denen
der König unwandelbar festhielt! Der König wollte
der Universität zu ihrem vierten Jahrhundert einen
Glückwunsch darbringen. Er solle kurz, aber inhalts=
schwer sein. Sie solle ein Herd des Lichtes sein, ihre
Losung sei Vorwärts, „aber sie folge ihr nimmermehr
auf der Irrbahn des Kometen oder auf dem Wege der
Feuersbrunst, die — vom Dunkel umhüllt — vor=
schreitet. Die Früchte ihres Strebens seien: Gottes=
furcht — aller Weisheit Anfang — echte Treue, die
da weiß, daß man dem Fürsten nicht dient, wenn man
seine hohen Diener herabzieht.‟

Der 1. September 1844, der letzte Tag des Festes,
brachte am Abend den allgemeinen Kommers in einem
öffentlichen Garten am Schloßteich. Die bunte Menge
an den Tischen: der Greis neben dem Jüngling, hie
und da die Repräsentanten dreier Generationen desselben
Namens, die Mischung aller Berufsarten: der Oberst
neben dem Oberlandesgerichts=Präsidenten, der Regierungs=

rath neben dem Landpfarrer, der Arzt neben dem Post-
beamten, der muntere, geräuschvolle Ton, die strenge
Observanz aller studentischen Formen, und doch, überall
durchschlagend, der freie Ton, die Betonung einer nahen,
befreienden Zukunft: man muß es erlebt haben, um sich
davon ein klares Bild zu schaffen. Ich hatte auf
Johann Jacoby's Veranlassung zwei Festlieder zu diesem
Kommers gedichtet, von denen ich einige Proben gebe,
um zu zeigen, welchen Ton man damals anschlug und
welcher Ton Anklang fand. Aus dem ersten dieser
Festlieder, „Den Professoren" überschrieben, hier einige
Fragmente:

Begraben sei'n die Zöpfe,
  Sie hingen vor dem Licht,
Das nun in alle Köpfe,
  Auch in die uns'ren bricht.
Steigt aus gelehrter Wolke
  Perückenlos heraus,
Und theilet allem Volke
  Von Eurer Weisheit aus.

Bemächtigt Euch des Strebens
  Der frischerblühten Zeit!
Seid selbst der Quell des Lebens,
  Der ihrem Durst sich beut.
In's Leben lenk' ein Jeder
  Auf eignem Pfad den Kiel,
Denn Lampe und Katheder
  Sind nicht des Geistes Ziel.

Die Jugend tränk' Eu'r Segen,
　Sie saugt ihn durstig ein
Und strömt auf tausend Wegen
　In's Herz des Staats hinein:
Was dann in Einsamkeiten
　In Eurem Geist erstarkt,
Darf sich den Weg erstreiten
　Kühn in des Lebens Markt.

Philosophie vor Allen
　Eröffne Du den Zug,
Wohl magst voraus Du wallen:
　Du bist für Alle klug.
Das Universum schließet
　Dir seine Tiefen auf,
Dein scharfes Aug' genießet
　Des Geistes ew'gen Lauf.

Es ist in dir zu lesen
　Des Weltgeists Riesenpfad:
Du zeigst uns, was gewesen,
　Du lehrst uns, was da naht.

*　*　*

Des Rechtes Männern beug' ich
　Mit Stolz mein freies Haupt:
Froh dem Gesetze, zeig' ich
　Zu dienen, sei erlaubt;
Doch nicht in der Historie
　Liegt das Gesetz verscharrt:
Hell in lebend'ger Glorie
　Quillt's aus der Gegenwart.

Sitzt bald bei off'nen Thüren,
   Daß alle Welt euch schaut!
Mag selbst das Volk erküren
   Den Richter, dem es traut:
Gern von dem Selbsterkor'nen
   Hör' ich den strengsten Spruch;
Dem Volk sind die Geschwornen
   Des Rechts lebend'ges Buch.

Das zweite Festlied, „den Studenten", schloß mit der Strophe:

Laßt nicht die Gerten schwirren
   Dem Bürger um das Ohr,
Zieht nicht mit Sporenklirren
   Verachtend durch sein Thor!
Nein! künft'ge Bürger, drücket
   Dem Bürger fest die Hand:
Euch schirmet und Euch schmücket
   Dasselbe Vaterland.

Bis in die sinkende Nacht saßen wir singend, trinkend, dann im traulichen Zwiegespräche im hellbeleuchteten Garten. Spät traten wir den Heimweg an mit dem wehmüthigen Gedanken, daß nun Alles zu Ende sei und einen ähnlichen Kommers keiner von uns erleben würde, und in der That war der Kommers, der 18 Jahre später zur Einweihungsfeier der neuen Universität stattfand, mit diesem nicht zu vergleichen. Mancher der auswärtigen Festgenossen verfehlte den Heimweg. Zwei würdige Landpfarrer, die sich hier nach vierzig-

jähriger Trennung gefunden und aneinander gekettet
hatten, hochbetagte Greise, hatten Straße, Hausnummer,
Namen ihrer Gastfreunde auf dem Heimwege spurlos
vergessen. Ein Nachtwächter nahm sich mitleidig der
Verwaisten an und führte sie in seine ärmliche Wohnung,
wo er ihnen ein Lager bereitete. Als sie morgens er=
wachten, sahen sie sich erstaunt um, in der umgekehrten
Lage des „verwunschenen Prinzen," und bedurften erst
langen Sinnens, bis sie sich auf diesem so verworrenen
Lebenspfade zurechtfanden. So schloß das ernste inhalts=
volle Epos dieser unvergeßlichen Tage mit der humo=
ristischen Idylle.

X.

Entstehung, Thätigkeit und Ende der Königsberger Bürgergesellschaft.

Die Festtage waren dahingegangen, der Herbst war eingekehrt, die Tage verkürzten, die Abende verlängerten sich. Sollte man nunmehr aus dem lebendigen Gedankenaustausche der improvisirten Volksversammlung in das farblose Einerlei des Alltags, die Enge häuslicher Sorge zurückkehren? Das lag nicht im Sinn der Führer, nicht in der allgemeinen Disposition der Gemüther. Dezennien später mochte wohl nach der Uebersättigung an Wahlen und Debatten, bei dem Ekel an den Ketzerstreitigkeiten der Parteien das stille Heim, der behagliche Kreis der Familie als das letzte glückliche Asyl des Müden erscheinen, damals aber standen wir in den Anfängen eines so lange gehemmten, neuen Lebens. Die neuen Ideen, also das Verlangen nach einer Volks=

vertretung und Freiheit des Wortes in Presse und Versammlungen, hatten immer weitere Kreise ergriffen. Unter den Beamten zählte Johann Jacoby viele Verehrer. Ein großer Theil der Verwaltungsbeamten stammte noch aus der Schule des Oberpräsidenten v. Schön. Schön hatte vor zwei Jahren, hoch betagt, seinen Abschied genommen. Seine Mitbürger, Geheimrath Burdach an der Spitze, hatten dem Schöpfer der Reformgesetze von 1807—10, der rechten Hand Stein's, ihm, der nur noch eben in der berühmten Denkschrift „Woher und Wohin?" die er in nur 30 Exemplaren an den König und die höchsten Beamten versendete, die Nothwendigkeit einer Volksvertretung nachgewiesen hatte — sie hatten ihm am 8. Juni 1843 ihren Dank und ihre Verehrung dargebracht und ihm eine eherne Ehrensäule vor der Kunstakademie errichtet.

Schön hatte stets Alles, was er gethan, auf Kant, seinen Lehrer, zurückgeführt, der ihn gelehrt habe, dem Pflichtgefühl als treuesten Leitstern zu folgen, „nicht dem Augenblicke, sondern der Idee zu leben". Die Universität hatte er als seine Führerin betrachtet. Nur noch eben hatte er auf die spezielle Einladung des Senats zum Universitätsjubiläum geantwortet: „Wenn die Mutter ruft, muß der Sohn folgen." Diesem erhabenen Vorbilde folgten gerade die tüchtigsten Beamten.

Sie waren Anhänger der freisinnigen Ideen und zugleich
bestrebt, die Pflichten ihres Amtes auf's Strengste zu
befolgen, Jeder an seiner Stelle, das Beispiel treuer
Pflichterfüllung zu geben. Der Kriminaldirektor v.
Reitzschütz, ein Neffe Schön's, Inquirent Jacoby's bei
seinen Preßprozessen, streng und gewissenhaft, das Ideal
eines unabhängigen Richters, war nach den Verhören
im geselligen Kreise der Freund Jacoby's, der mit seinen
Ansichten nicht zurückhielt.

Der Polizeipräsident Abegg, der nichts ohne spezielle
Anweisung seiner vorgesetzten Behörde that, ihr aber
unbedenklich folgte, hing den neuen Ideen an und er=
sehnte eine andere Stellung, die er auch bald finden
sollte. Ihnen stimmten zahlreiche Beamte zu, die nach
der Natur ihrer Stellung keine Gelegenheit hatten, so
offen hervorzutreten. Wie es auf auf der Universität
aussah, ist bereits erzählt. Der Kaufmannsstand war
durchweg liberal; jetzt trat im neu gebildeten Verein ein
neues, wichtiges Element hinzu: der Handwerkerstand.
Er ward bis auf wenige Ausnahmen den neuen Ideen
gewonnen. Alle Stände in freiem, geselligen Verkehr
einander näher zu bringen, durch Vorträge und
Debatten aufzuklären, das war der wohldurchdachte
Plan der Führer, Johann Jacoby's, Crelinger's, des
Kaufmanns Heinrich, desselben, dessen hervorragender

Antheil an den Beschlüssen des Huldigungs=Landtags bereits erzählt ist.

So entstand die Königsberger Bürgergesellschaft, welche wenig über vier Monate (vom 20. Dezember 1844 bis 28. April 1845) lebte, aber deren Eindrücke nachhaltige waren. Sie ward das Vorbild aller späteren Bildungsvereine. Sie lebte nicht allein nach ihrer Unter= drückung in den Gemüthern fort: alle späteren Volks= versammlungen und Vereine bis zum Jahre 1848 sind als ihre geistige Fortsetzung zu betrachten. Das Lokal, in dem sich der neugebildete Verein an jedem Montag versammelte, der Altstädtische Gemeindegarten, war bald zu klein für die rege Betheiligung, jede neue Woche brachte neue Mitglieder. Die Mitgliedschaft war Jedem zugänglich, nur Schüler und Lehrlinge waren ausge= schlossen, wie nach dem späteren, preußischen Vereinsge= setze. soweit es sich um politische Vereine handelt. Der monatliche Beitrag betrug 40 Pf. Der Vorstand be= stand aus neun Personen. Jede Versammlung ward mit Gesang oder Instrumentalmusik eröffnet, dann folgte die Rezitation eines oder mehrer Gedichte. Die Poeten, stets willkommen, waren Rudolf Gottschall und kurze Zeit Arnold Schlönbach. Alsdann wurden höchstens zwei Vorträge gehalten, geographischen, ge= schichtlichen, naturwissenschaftlichen Inhalts. Ihnen

folgte die Hauptsache, die Debatte, die sich an Fragen
knüpfte, welche einem aufgestellten Fragekasten entnommen
waren. Die Versammlungen waren stets zahlreich be=
sucht. Die Zahl der Mitglieder belief sich auf 1000
bis 1200 Personen. Kein Fremder, der Königsberg
passirte, ließ es sich entgehen, die interessanten Vereins=
sitzungen zu besuchen. Hier lernte nun die Bürgerschaft
zum ersten Male ihre rednerischen Talente kennen. Vom
Wesen des Redners hatten die Meisten nur unklare
Vorstellungen. Man hielt einfach Rede und Vortrag
für eine und dieselbe Sache; der Rede darf die klare
und vollständige Beleuchtung des Gegenstandes nicht
fehlen, soll sie nicht zur Phrase werden, aber als ihre
spezifische Eigenschaft kommt noch die Erwärmung
der Gemüther für das Dargelegte hinzu. So wohnen
ihr von selbst Schwung und Phantasie bei. Ein Redner
ist ohne eine gewisse Gabe der Phantasie nicht denk=
bar. Die Kunst jeglicher Beredsamkeit, der akademischen,
der forensischen, der Kanzelberedsamkeit, der parlamen=
tarischen wie der des Volksredners ist in der Erinnerung
der Menschen eine durchaus vergängliche, wie die des
Mimen, „dem die Nachwelt keine Kränze flicht". Der
Redner wird vergessen, spätestens, wenn der Letzte, der
ihn hörte, aus dem Leben geschieden ist, und auch dieser
Letzte vermag Denen, die den Redner nicht hörten, keine

Vorstellung von ihm zu geben. Die größten Debatter unserer Tage (im englischen Sinne des Wortes), die durch Spott entzücken und reizen, Unterbrechungen hervorrufen und schlagfertig beantworten: Windhorst und Eugen Richter, fallen ebenso sicher der Vergessenheit anheim, wie vor ihnen der Kaplan Berg, Robbertus, D'Ester, Georg Jung, welche den Zeitgenossen fast unbekannte Namen geworden sind. Was von Reden bleibender Besitz der Nachwelt geworden ist, ist mehr That als Rede; es ist das Wort des leitenden Staatsmannes, der eine historische Aktion ankündigt oder eine vollendete beleuchtet und vertheidigt; es ist das Wort des mächtigen parlamentarischen Führers, der unter denselben Bedingungen spricht, eines Pitt, Fox, eines Mirabeau. Und doch bleibt auch die vergängliche Rede Schmuck und wirksames Bildungsmittel des Augenblicks. Sie erfreut, erhebt, zündet und erwärmt.

So auch hier in diesem ersten Bürgerverein Königsbergs. Man hörte die Redner gern und war erstaunt und erfreut über die Fülle von gesundem Urtheil, das man bei den Handwerkern fand. Wohl gab es verschiedene Meinungsnüancen in der Versammlung, aber verschiedene Parteien nicht. Die liberale Partei Königsbergs war, wie gesagt, eine einheitliche, was bei der Allgemeinheit ihres Programms natürlich war. Bei

der einstmaligen Verwirklichung des Programms, einer
wirklich eingeführten Verfassung, mußte die Partei nach
dem physiologischen Gesetzen des Parteilebens sofort in
verschiedene Parteien auseinanderfallen. Nach Thier's
Satze zersetzen sich die Parteien nach dem Siege. »Les
partis se décomposent après la victoire.«

Man fühlte es in der Versammlung und sprach
es offen aus, daß die Tage des Vereins gezählt sein
würden, sobald man politische Vorträge und Debatten
zulasse. Aber was ist politisch, was nicht? so fragte
man. Darüber konnte man die erheiterndsten und
witzigsten Auseinandersetzungen hören. Politisch ist nichts
und kann Alles werden. Es giebt keinen Gegenstand
von allgemeinem Interesse, dem nicht eine politische Seite
abgewonnen werden könnte. Eine feinhörige Zuhörer-
schaft versteht außerdem jede, auch die leiseste Anspielung.
Es war undenkbar, daß eine Bürger-Versammlung über
alles Mögliche debattiren sollte, und nicht über das,
was alle Gemüther bewegte und das die unstät hin und
her experimentirende Regierung, bald halb gewährend
bald versagend, in den Vordergrund schob. Bescheiden
hörte man halb wissenschaftliche Vorträge oder juristisch-
populäre Darstellungen von Rechtsfällen des täglichen
Lebens an, wie sie Crelinger gab, aber eine unausge-
sprochene, auf allen Gesichtern zu lesende Erwartung

zielte auf das, was Jeder ersehnte: politische Vorträge und Debatten über Fragen der Gegenwart. Der Verein hatte die Genehmigung der Polizeibehörde einholen müssen, und ein Polizeibeamter in Civilkleidung überwachte ihn. Nichts, was hier gesprochen wurde, konnte sich der Kenntniß der Behörde entziehen. In Berlin hatte man längst den Verein im Auge behalten. Für den Kundigen war nur der Zeitpunkt noch unbestimmbar, wann das Todesurtheil über den Verein ausgesprochen werden würde; daß es dazu kommen werde, bezweifelte Niemand. Zensur des gedruckten und Freiheit des gesprochenen Worts?

Den kurzen Tag, den die Gesellschaft lebte, nutzte sie noch zur Gründung eines Instituts aus, das noch heute besteht und segensreich wirkt. Es ward ein Verein zur Belohnung treuer, weiblicher Dienstboten und zur Altersversorgung der arbeitsunfähigen nach einem Vortrage „Ueber den gegenwärtigen Zustand der weiblichen Dienstboten" gegründet. Die wenigsten Königsberger wissen, daß dieser Verein, dem sie so zahlreich angehören, aus der alten Bürgergesellschaft herstammt. — Die heitere gesellige Unterhaltung nach der Vereinssitzung, zu der Alle in buntester Mischung der Stände, Beamte, Professoren, Aerzte, Kaufleute, Handwerker, an langen Tafeln saßen, war herzerfreuend. Hier strömte von den

Lippen, was im Herzen war; hier legte sich Niemand
Zwang auf, aber kein Mißton, kein schmähendes, ge=
meines Wort, keine maßlos radikale Aeußerung störte
den Frieden der Gemeinschaft.

Und so kam er heran, der gefürchtete, erwartete,
der unvermeidliche Tag, der Tag der Auflösung dieser
so wohl gesitteten, durchaus loyalen Gesellschaft ehren=
werther Männer. Es konnte dieser Act der Auflösung
nicht leicht feierlicher, rücksichtsvoller und versöhnender
ausgeführt werden, als es durch den Polizeipräsidenten
Abegg geschah. Es war am 28. April 1845, als der
Vorsitzende einen bereits begonnenen Vortrag unterbrach
und der Versammlung anzeigte, daß der Polizeipräsident
anfragen lasse, ob die Bürger seinen Besuch ge=
statten. Diese Form nahm Alle für den ohnehin
sehr populären Mann ein und zwei Mitglieder des
Vorstandes gingen zum Empfange des Präsidenten
hinaus. Der Präsident erschien in voller Uniform und
übergab dem Vorsitzenden ein amtliches Schreiben, dann
trat er in die Mitte des Saales und bat, augenschein=
lich in tiefster Gemüthserschütterung, die Versammlung,
deren guten Sinn er stets anerkannt, die „schmerz=
liche" Nachricht, die er bringe, mit Ruhe anzuhören.
Er bat den Vorsitzenden, das ihm überreichte amtliche
Schreiben vorzulesen, dann werde er nicht weiter „be=

lästigen", sondern der Versammlung alle weiteren gesetzlichen Beschlüsse, die ihr erforderlich schienen, überlassen.

Das amtliche Schreiben enthielt ein Rescript des
Ministers des Innern, Grafen Arnim, daß die Bürgergesellschaft aufgehoben werde, auf Grund einer landrechtlichen Bestimmung, daß „Gesellschaften, deren Zweck
und Geschäfte der öffentlichen Ruhe, Sicherheit
und Ordnung zuwiderlaufen, nicht geduldet werden
sollen" und auf Grund eines Publikationspatents aus
dem Jahre 1832 (Beschluß des Bundestages), wonach
politische Vereine, oder solche, die unter anderem Namen
zu politischen Zwecken benutzt werden, in sämmtlichen
Bundesstaaten verboten seien; gegen die Urheber und
Theilnehmer sei mit angemessener Strafe vorzugehen.
Der Vorsitzende dankte dem Polizeipräsidenten für die
Theilnahme, die er den Bürgern bewiesen; und bat ihn,
die Versammlungen noch bis zum Eingang der Antwort des Königs, an den man sich wenden wolle, zu
gestatten. Der Polizeipräsident sagte bedauernd, daß
es nicht in seiner Macht stehe, diese Bitte zu gewähren,
und verließ den Saal unter Ausrufen lauter Anerkennung.

Johann Jacoby beantragte nunmehr eine Immediateingabe an den König mit der Bitte um Schutz und

die Wahl einer Deputation mit dem Auftrage, bei dem
Oberpräsidenten Bötticher, Nachfolger Schöns, die einst=
weilige Suspension des Ministerialbefehles zu erbitten.
Die Versammlung nahm beide Anträge an. Die Deputation ging sofort zum Oberpräsidenten und brachte in
kurzer Zeit einen ablehnenden Bescheid zurück. Die
Immediateingabe war inzwischen entworfen, wurde vor=
gelesen und genehmigt. Auch sie hatte keinen Erfolg.
So lange der Schlag erwartet war: jetzt, da er ge=
fallen, erschütterte er tief. Man sah sich eines Ver=
eines beraubt, den man lieb gewonnen und fast nicht
mehr entbehren zu können glaubte. Ehe man diese
Versammlung verließ, beschloß man, am nächsten Mon=
tag im Freien in Böttchershöfchen, dicht vor dem
Thore, zusammenzukommen. Dort sei Concert und
man könne Niemand den Eintritt verwehren. Gesetzlich
wolle man handeln und man sei im gesetzlichen Rechte.
Der Verein sei verboten, nicht die freie Versammlung,
zu der Jeder, sei er Vereinsmitglied oder nicht, Zutritt
habe. Es war nicht zu erwarten, daß die Führer dieser
Bewegung, so lange sie ein gesetzliches Recht zu haben
glaubten, auf ihrem Wege einhalten würden. Die Re=
gierung mußte, wenn sie sich dazu für befugt hielt, ein
neues Verbot erlassen.

Johann Jacoby war die Seele des weiteren Unter=

nehmens. Er war der Mann, der doppelte Ent=
schlossenheit zu zeigen gewohnt war, wenn ihm Hinder=
nisse entgegentraten. So war man denn in der That
im Begriffe, an die Stelle der Vereinssitzungen im ge=
schlossenen Raume Volksversammlungen unter freiem
Himmel treten zu lassen, die man für gesetzlich erlaubt,
weil nicht verboten hielt, Volksversammlungen unter
freiem Himmel, zu denen es nach dem heute geltenden
Vereinsgesetze einer polizeilichen Genehmigung bedarf,
die achtundvierzig Stunden vorher nachgesucht sein muß.

Die Volksversammlung in Böttchershöfchen.

Zahlreiche Mitglieder der verbotenen Bürgergesell=
schaft wanderten am 5. Mai 1845 nach Böttchers=
höfchen. Böttchershöfchen war ein Gasthaus mit park=
artigem Garten, unweit eines Stadtthors. Der Garten
ist mit Lauben, Lusthäuschen, Tischen und Bänken ver=
sehen. Von einem Orchester aus erschallt die Konzert=
musik. In der Mitte des Gartens erhob sich ein Rasen=
hügel, der sich sehr wohl zur Rednertribüne eignete.
An diesem Orte waren nun außer den Mitgliedern des
früheren Vereins Neugierige in geringer Zahl ver=
sammelt. Niemand machte den Versuch, öffentlich zu
sprechen. Der „wunderschöne Monat Mai" pflegt hier
einer der rauhesten Monate zu sein. Das Wetter war
kalt und regnerisch. So kehrte man bald zur Stadt
zurück und unwillkürlich suchte man den alten Vereins=

saal auf, der nunmehr als öffentliches Gastlokal Jedem
zugänglich war. Bald waren alle Bänke besetzt, in der
Minderzahl von ehemaligen Vereinsgenossen, in der
Mehrzahl von herbeigeströmten Neugierigen. Die ganze
Anordnung wie sonst, nur die Rednertribüne fehlte.
Um in dieser Menge Ordnung zu halten, wählte man
einen Präsidenten. Bald traten auch Redner auf, fast
dieselben, die man sonst hier zu hören, gewohnt war.
Jede Rede war humoristischer Färbung, beleuchtete die
Tagesereignisse, die letzten Maßregeln. Jeder Redner
bat um Ruhe und Ordnung, betonte aber das Recht
der Redefreiheit, welches kein Gesetz verbiete. Eine
Debatte fand nicht statt, aber die aus der Menge hin=
geworfenen Bemerkungen und Glossen erregten stets all=
gemeine Heiterkeit.

Solche improvisirte Versammlungen wiederholten
sich, ohne auf Hindernisse zu stoßen. So hatte das
Verbot aus ruhigen, von Ordnungssinn getragenen,
parlamentarisch geleiteten Versammlungen, deren „guten
Sinn" der Polizeipräsident gerühmt hatte, regellose,
übermüthig humoristische Zusammenkünfte von sehr
zweifelhaftem Werthe gemacht. Als nun der rauhe
Mai vorüber war und sich konstante Sonnenwärme
eingestellt hatte, da duldete es die Menge nicht mehr
in geschlossenen Räumen. Alles strömte nach dem schon

früher auserſehenen Böttchershöfchen, und es bildeten
ſich jene Volksverſammlungen, die in ganz Deutſchland
das größte Aufſehen erregten und die Augen der ganzen
politiſch erwachenden Nation auf das ferne, bisher wenig
beachtete Königsberg, lenkten. Dort im Gaſthauspark
fanden ſich nun an jedem Montag an 6000 Perſonen
zuſammen. Es war Sitte, faſt guter Ton geworden,
ſchon am frühen Nachmittag hinauszuwandern, um ſich
einen guten Platz zu ſichern. Eine ganze Wagenburg
bedeckte den kurzen Chauſſeeweg. Reiter und Fuß=
gänger in dichten Schaaren bewegten ſich an den Rändern
der Straße. Es war eine buntgemiſchte Menge, die
den Garten bevölkerte: die Elite der Bürgerſchaft, die
angeſehenſten Männer der Stadt neben Handwerkern,
Matroſen, Landbewohnern, Soldaten. Die Damenwelt
war reich vertreten. Das war ſicherlich kein Publikum,
das eine Rede, zumal eine politiſche, zu würdigen und
zu verſtehen, im Stande geweſen wäre. Aber ſolche
Bedenken ſprach Niemand aus, Niemand hätte ſie hören
und anerkennen mögen. Der Drang nach Mittheilung
auf der einen, das Mitgetheilte zu hören auf der anderen
Seite, war unwiderſtehlich.

Man muß in jener Zeit gelebt haben, um es zu
verſtehen, wie Jeder das Recht der Redefreiheit als das
natürlichſte und nothwendigſte anſah, wie Niemand

das Bewußtsein hatte, daß es sich hier um ein Ver=
botenes, ein zu Verbietendes, ein Verlassen des gesetz=
lichen Weges handeln könne. Der Hergang und Verlauf
der Versammlungen schien Jedermann diese Auffassung
zu bestätigen. Man sah wohl Gendarmen in nicht
geringer Zahl im Garten, aber sie schienen nur bestimmt,
die Ordnung aufrecht zu erhalten. Niemals fand ihrer=
seits eine Intervention statt. Auch bedurfte es dessen
nicht; denn so buntgemischt die Versammlung war: nie=
mals fand eine Ausschreitung statt, kein Mißton ward
vernommen. Man überschüttete die Redner mit Beifall
und ging mit dem sinkenden Tage ruhig heimwärts,
befriedigt von dem Erlebten und mit dem Gelübbe, am
nächsten Montag wiederzukehren. Dort auf dem Rasen=
hügel standen der an jedem Montag erwählte Vor=
sitzende und seine Beigeordneten, welche die Ordnung
energisch aufrecht erhielten. Vor ihnen stand der Redner,
der zu der dicht am Fuße des Hügels gedrängten Menge
sprach. Hier legte man sich keinen Zwang auf. Reden,
wie vorgetragene Gedichte, waren rein politisch. Eben
hatte die Ausweisung der badischen Abgeordneten v. Itz=
stein und Hecker aus Berlin in ganz Deutschland ein
peinliches Aufsehen erregt. Alexander Jung, der be=
kannte Schriftsteller, hatte diese Ausweisung zum Gegen=
stande eines Gedichts gemacht, dessen Vortrag stürmischen

Beifall erregte. Man beschloß sofort eine Sympathie=
Adresse an Itzstein und Hecker, die, in wenigen Minuten
entworfen und vorgelesen, sich mit zahlreichen Unter=
schriften bedeckte. An einem anderen Montag, es war
am 14. Juli 1845, wagte ich meinen Maiden=Speech
mit glücklichem Erfolge. Ich sprach über Preßfreiheit,
das damals beliebteste Thema.

Ein anderes Mal ward eine Dampfbootfahrt nach
Pillau, Königsbergs Ostseehafen, besprochen, um mit
den noch bestehenden Bürgergesellschaften der Nachbar=
städte Fischhausen, Braunsberg, Elbing zusammenzu=
kommen. Der Plan ward auch ausgeführt und eine
imposante Schaar ostpreußischer Bürger trat hier in
offener Versammlung zusammen, wobei es natürlich an
politischen Reden nicht fehlte.

Aus der großen Zahl der Theilnehmer an den
Volksversammlungen, besonders aus dem alten Stamme
der Bürgergesellschaft, konnte der aufmerksame Beobachter
bald einige Originale aussondern, die zu sehr skurrilen
Szenen Veranlassung gaben. Da war zuerst der Holz=
händler B., den Jeder gern hatte, dessen Jovialität
stets wohl aufgenommen war; für Jeden hatte er ein
freundliches, aufmunterndes Wort, den „guten Dr. Ja=
coby" pries er jedem Zuhörer, ob er nun ein Landmann,
ein Matrose oder sonst Jemand war, der noch nie von

dem muthigen Führer der Königsberger Bürgerschaft
etwas gehört hatte. Von seinem guten, lachenden Gesichte, seinem schneeweißen Haar, ging ein freundlicher
Schimmer aus, der Allen behagte. In Böttchershöfchen
hieß er einmal, von beifälliger Heiterkeit begleitet, Alle
willkommen, als in seinem Waldrevier, im Garten der
Natur, der Jedem offen stände. Hier sei er als Holzhändler der Wirth und alle Versammelten seine Gäste.

Ganz verschieden von diesem war ein Schornstein-
fegermeister, der selten lachte, aber wenn es sich einmal
ereignete, so war es das Lächeln der Ueberlegenheit
über seine Hörer. Er sprach von Voltaire, Montes-
quieu geheimnißvolle Worte, die Niemand verstand,
er selbst am wenigsten. Seine mit großen Kosten
gesammelte Privatbibliothek, in der sich die seltensten
Bücher fanden, die wir fleißig von ihm entliehen —
ich erhielt von ihm Bruno Bauer's „Kritik der Synoptiker" — zeigte er gern. Ob er jemals von dem,
was er besaß, etwas gelesen, blieb zweifelhaft, aber alle
Welt hoffte, daß es nicht geschehen sei, denn es hätte
die heillose Verwirrung seiner Vorstellungen nur ver-
mehren können. Hin und wieder nahm er das Wort,
aber niemals beendete er seine Rede; denn schon nach
den ersten Sätzen unterbrach ihn stürmische Heiterkeit,
und er verließ, mitleidig lächelnd, die Tribüne.

Ein ferneres Original war ein Gewürzkrämer, der mich in das lebhafteste Erstaunen versetzte, als er an einem Montag in vollem Ernste, mich bei Seite rufend, mir sagte, daß er mir einen Vorschlag zu unterbreiten sich erlauben wolle. „Ich bin kein Redner," so versicherte er, „aber Sie, Herr Doktor, könnten wohl hier einen Antrag stellen. Sollen wir nun einmal die Konstitution, von der uns unser braver Dr. Jacoby erzählt hat, nicht erhalten, so müßte uns wenigstens die Regierung die Gewerbesteuer erlassen." Der Versuch dem praktischen Manne zu beweisen, daß selbst der Erlaß der Gewerbesteuer, besonders für Die, welche sie nicht zahlen, kein Ersatz für die ausbleibende Verfassung sein könne, wäre ein hoffnungsloses Unternehmen gewesen, und somit begnügte ich mich damit, sein mir erwiesenes, schmeichelhaftes Vertrauen zwar anzuerkennen, aber seinen Vorschlag als undurchführbar abzulehnen, was er für eine große Ungefälligkeit hielt.

So gingen die Sommertage dahin. Der urtheilsfähige und denkende Beobachter konnte sich keinen Augenblick verhehlen, daß auch für diese Versammlungen, wenn man sie auch für gesetzlich nicht verboten halten durfte — denn kein Staatsgesetz hatte den Fall derartiger Volksversammlungen vorgesehen und dagegen Bestimmungen erlassen und die Bundesgesetze hatten für

uns, die wir nicht zum deutschen Bunde gehörten, keine
Giltigkeit — der Todesstreich bereit sei. Aber die
Menge gab sich dem Augenblicke hin; man hatte sich
in den Grenzen des Anstandes und der Sitte bewegt
und war sich keiner Schuld bewußt. Schon dachte man
an die rauhe Jahreszeit, welche Form dann der un=
widerstehliche Drang nach freier Gedankenmittheilung
annehmen, wo und wie man sich dann versammelt
werde. Da erfolgte der Schlag.

Am 17. Juli 1845 wurden 29 Personen, unter
ihnen Dr. Johann Jacoby, Alexander Jung, Gregorovius
und ich vor den Polizeipräsidenten Abegg geladen und
es ward ihnen eröffnet, daß die Regierung sich über=
zeugt habe, daß die Versammlungen in Böttchershöfchen
lediglich eine Fortsetzung der aufgelösten Bürgergesellschaft
seien und daher dagegen eingeschritten werden müsse.
Wir Erschienenen, die bisher in Böttchershöfchen redend
aufgetreten seien, wären demnach vorzuladen und zu
verwarnen, unter Androhung einer Geldstrafe von
50—100 Thalern resp. verhältnißmäßiger Gefängniß=
strafe für jeden einzelnen Fall des ferneren Zuwider=
handelns. Sämmtliche Vorgeladene protestirten gegen
diese Verwarnung und erklärten sie als für sich nicht
verbindlich. Sie stellten die Voraussetzung, daß diese
freien Volksversammlungen eine Fortsetzung eines ge=

schlossenen, noch Statuen geregelten von einem erwählten Vorstande geleiteten von festen Beiträgen der Mitglieder existirenden Vereins seien, in Abrede. Zu einer Verwarnung sei kein Anlaß vorhanden. Glaube die Regierung, ihre Voraussetzung begründen zu können, so möge sie eine gerichtliche Untersuchung beantragen. Wolle sie verwarnen, so möge sie eine öffentliche Verwarnung erlassen. Daß gerade die Vorgeladenen verwarnt werden sollten, darin liege für diese etwas Verletzendes. Die Regierung könne nach der Ueberzeugung der Erschienenen nicht verbieten, was nur ein Gesetz, das nicht existire, verbieten könne: die Redefreiheit. Der Polizeipräsident erklärte schließlich, daß trotz aller Proteste es bei der Verwarnung verbleibe und gegen jeden Uebertreter die angedrohte Strafe festgesetzt und vollstreckt werden würde. Von den 29 Unterzeichneten des Protokolls leben heute, nach 43 Jahren, nur noch drei, in Königsberg außer mir keiner mehr.

Man beschloß nunmehr, von den Versammlungen in Böttchershöfchen, in Festhaltung des gesetzlichen Weges, für die Zukunft Abstand zu nehmen. Nur glaubten zwei der damals Vorgeladenen, daß es zur Beschreitung des gerichtlichen Weges erforderlich sei, die bisher nur angedrohte Strafe in einem Falle wirklich vollstrecken zu lassen, um auf Grund dieser Thatsache

sich an den Richter wenden zu können. So nahmen
denn Johann Jacoby und Kaufmann Ballo, einer der
intelligentesten und politisch entschiedensten Bürger, am
nächsten Montag in Böttchershöfchen das Wort zu
einer kurzen Mittheilung. Die sofort vom Polizeipräsidenten gegen sie festgesetzte Geldstrafe ward darauf
durch Pfändung vollstreckt. Johann Jacoby und Ballo
richteten darauf an den Kriminalsenat des Oberlandesgerichts am 6. August 1845 ihre damals großes Aufsehen erregende „Provokation auf rechtliches Gehör“,
wie sie dazu nach den Bestimmungen der Gerichtsordnung
einer polizeilichen Strafverfügung gegenüber berechtigt
zu sein glaubten. Ihre ganze Deduktion, welche mit
großer Schärfe durchgeführt ist, beruht auf dem Nach-
weise, daß es sich um eine Strafverfügung und nicht
um die bloße Exekution eines bereits früher erlassenen
Verbots handle und daß diese Strafverfügung gegen
eine Handlung gerichtet sei, welche nur das Gesetz, nicht
die Regierung verbieten könne: die Redefreiheit. Der
Kriminalsenat entschied unter dem 15. August 1845,
daß von einer Provokation auf rechtliches Gehör nur
bei polizeilichen Untersuchungen und gegen auf Grund
derselben abgefaßte Resolute die Rede sein könne, nicht
aber bei exekutivisch vollstreckten Strafverfügungen. Gegen
polizeiliche Verfügungen könnten Beschwerden, auch

wenn sie sich auf die Gesetzmäßigkeit derselben bezögen, nur bei der vorgesetzten Dienstbehörde angebracht werden.

Hiermit endigte diese Angelegenheit. Das Ministerium aber fühlte wohl, daß es in der That an einem Verbote von Volksversammlungen unter freiem Himmel in den Provinzen Preußen und Posen, welche nicht zum deutschen Bunde gehörten, noch fehle. Hatten doch die damals Verwarnten stets hervorgehoben, daß die Bundesbeschlüsse vom Jahre 1832 für die Provinz Preußen keine Giltigkeit hätten. Eine Kabinetsordre vom 31. Dezember 1845 dehnte daher das Verbot des Haltens öffentlicher Reden politischen Inhalts auch auf die Provinzen Preußen und Posen aus.

XII.

Die freien „geselligen Zusammenkünfte" und die Polizei.

Daß eine freie Meinungsäußerung in der Presse nur möglich sei, wenn sie ein Staatsbeamter, der Zensor, erlaubte, wußte Jeder. Es war nunmehr constatirt, daß auch in Vereinen und Versammlungen die freie Meinungsäußerung verboten sei. Diejenigen, welche heute leben, erfreuen sich seit Jahren mehr oder minder werthvoller Rechte, über deren Unzulänglichkeit nichtsdestoweniger geklagt wird. Jedermann kann in der Presse seine Meinung äußern, selbstverständlich unter seiner persönlichen, strafrechtlichen Verantwortlichkeit, Jedermann kann politische Vereine gründen unter erträglichen Beschränkungen, größtentheils formeller Natur. Die Polizei kann solche Vereine zwar vorläufig schließen, aber sie öffnen sich von selbst wieder, wenn nicht in ge-

messener Frist ein richterlicher Spruch die Schließung
bestätigt. Eine definitive Schließung kann ohne richter=
liches Urtheil in keinem Falle erfolgen. Freie Ver=
sammlungen, in denen politische Vorträge gehalten
werden, kann Jedermann berufen. Der einzige Uebel=
stand ist allerdings, daß der überwachende Polizeibeamte
solche Versammlungen auflösen kann. Mit diesem Recht
kann Mißbrauch getrieben werden, aber die Erfahrung
hat gelehrt, daß dadurch die Abhaltung von Versamm=
lungen nur ausnahmsweise und nicht auf die Dauer
gehindert werden kann. Für eine ganze große Partei
sind allerdings mit Zustimmung des Reichstags diese
Rechte auf bestimmte, bisher stets prolongirte Frist
suspendirt. Die Nothwendigkeit und Zweckmäßigkeit dieser
Maßregel hier zu erörtern, läge gänzlich außerhalb
meiner Aufgabe. Aber die überwiegende Mehrzahl der
Bürger erfreut sich heute dieser Rechte, und sie mögen
wohl geneigt sein, die Lage Derer, welche vor 40 Jahren
lebten, in diesem Momente, da das Verbot der Volks=
versammlungen in Böttchershöfchen ergangen war, für
eine trostlose zu halten.

Aber die damals Lebenden hielten ihre Lage für
nichts weniger als trostlos, sie waren sämmtlich frischen
Muthes, der Zuversicht, daß ihnen die Zukunft gehöre,
und der Ueberzeugung, daß sich ein Weg werde finden

lassen, das unauslöschliche Verlangen nach Meinungs=
austausch, nach dem, was man damals „das freie
Wort" nannte, auch innerhalb des Gesetzes zu befriedigen.
Noch war das bundestägliche Verbot politischer Reden
für die Provinz nicht publicirt, und man glaubte, oaß
es auch nicht ohne Anhörung des preußischen Provinzial=
Landtags publicirt werden könne, da es „die Personen=
rechte" der Einwohner wesentlich ändere, desselben
Provinzial=Landtags, der nur noch in demselben Jahre
erklärt hatte: „Das Bedürfniß nach einem allgemeinen
ständischen Bande lebt im Volke und wird nach
unserer frei und offen ausgesprochenen Ueberzeugung
nicht erlöschen, ohne eine Befriedigung erhalten
zu haben.

So war man von der Gesetzlichkeit der Sache,
überzeugt. Dem Verbote der einen Form wollte man
keinen Widerstand entgegensetzen, aber sich erst durch die
Erfahrung überzeugen lassen, ob das gleiche Verbot auch
eine andere Form treffen werde. In ähnlichen, histori=
schen Situationen begegnen wir fast bei allen Völkern
demselben Verfahren. Dabei vertraute man den Führern,
deren Besonnenheit eben so groß war als ihre Zähig=
keit, und die überdies von Rechtsgelehrten gut berathen
waren. Zunächst erlebte man gerade in dieser Zeit an
den Schicksalen eines anderen, eben verbotenen Vereins,

„der protestantischen Freunde" von dem noch die Rede sein wird, wie schwierig es war, zur Abfassung einer Beschwerde zusammen zu kommen. Die Versuche dazu mißlangen zu wiederholten Malen. Aus dem bestimmten Local wurden die Versammelten von Polizeibeamten verwiesen. Eine einzige, in der Regel höfliche und freundliche Mahnung eines Beamten genügte, um ihm sofort Gehorsam zu leisten. So erinnere ich mich, daß wir an einem Nachmittag aus drei Localen vertrieben wurden, bis uns die Manège des Stallmeisters Schmidt gastlich aufnahm. Ein anderes Mal mußten wir nach einem Gastlocal vor dem Königsthor auswandern.

Das Mittel, auf das sich die Führer der Bürgerschaft zur Ermöglichung fernerer Zusammenkünfte einigten, hatte längere Zeit Erfolg.

Ein oder zwei Bürger mietheten den großen Saal eines Hotels und luden eine größere Zahl von Mitbürgern durch Karten zu einer geselligen Zusammenkunft ein. Dort unterhielt man sich in kleineren Kreisen, hörte alsdann den Vortrag eines Gedichts oder die Mittheilung neuester Nachrichten, wohl auch eine politische Rede an, um sich alsdann wieder an den Tischen zu geselliger Unterhaltung zu gruppiren. Das Publikum bestand aus Professoren, Aerzten, Kaufleuten und Hand-

werkern. Die höchste erreichte Zahl der Anwesenden
überstieg, wenn ich mich recht erinnere, nicht 300. Das
beliebteste Versammlungslocal war der große Saal des
Hotel du Nord am Paradeplatz.

Auch sang man hin und wieder ein geselliges Lied,
in das öfters eine große Volksmenge von der Straße
her mit einem Hoch auf die Bürger-Gesellschaft ein-
stimmte. Zuweilen fanden sich im Vorzimmer Polizeibeamte ein und erkundigten sich bei den Dienern nach
der Zahl und der Beschäftigung der Anwesenden. Ob
ihnen nun die ertheilte Auskunft genügte oder nicht, sie
entfernten sich, ohne einzuschreiten. Die Polizei hielt
es nicht für gerathen, diese eingeladene Gesellschaft zu
stören. Nach den heutigen, gesetzlichen Bestimmungen
würde die Polizei keinen Anstand nehmen, eine solche
Gesellschaft, in der „öffentliche Angelegenheiten" erörtert
werden, als nicht angemeldet aufzulösen, wenigstens
durch einen Polizeibeamten überwachen zu lassen. Wir
haben eben ein Vereinsgesetz. Die damalige Gesetz-
gebung sah eine selbständige Thätigkeit der Bürger nicht
voraus und gab keinen Anhalt, wie derartige Privatgesellschaften zu behandeln seien. So tagte man ruhig
fort, obwohl der Polizeipräsident Abegg, von den theil-
nehmenden Wünschen der gesammten Bürgerschaft begleitet, soeben aus seinem Amte getreten und als Eisen-

bahndirector nach Breslau gegangen war. Seine Stelle
hatte der bisherige Landrath Lauterbach eingenommen,
ein Mann der durchgreifendsten Strenge, mit wenig
angenehmen Formen, dessen Inpopularität täglich wuchs
und in späterer Zeit zu den fatalsten Scenen führen
sollte.

In diesen Privatgesellschaften war in den Pausen
zwischen den Vorträgen und der Vorlesung von Gedichten
die Unterhaltung eine überaus lebhafte und angeregte.
Man promenirte in den Sälen, und Bekannte begrüßten
sich freudig. Zuweilen kam es zu äußerst humoristischen
Scenen. So erinnere ich mich, wie eines Abends der alte
Holzhändler B., den wir bereits aus den Versammlungen
in Böttchershöfchen kennen gelernt, mit seiner gewinnen-
den Freundlichkeit einen Schneidergesellen in äußerst
fadenscheiniger Kleidung anredete. Er klopfte ihm auf
die Schulter, sah auf seinen desolaten Rock und sagte
ihm im Tone treuherzigster Ueberzeugung: „Lieber
Freund, wenn wir erst unsere liebe Constitution haben
werden, von der unser braver Dr. Jacoby so schöne
Bücher geschrieben hat: dann werden wir uns auch besser
— kleiden können.“ Dies fabelhafte Versprechen zauber-
hafter Wirkungen einer Constitution ließ keinen der Umstehenden ernst bleiben. Sie sollte uns nicht nur Rechte
und Freiheiten, sondern auch — Kleider geben. Wir

lachten herzlich, besonders die umstehenden Handwerker,
auch der Schneidergesell lachte mit und zuletzt auch der
alte B., den sein gutes Herz getrieben, Jedem etwas
Angenehmes zu sagen, wenn es auch ein wenig gewagt
war. Mit welch bitterem Hohngelächter hätte ein Social=
demokrat unserer Tage dies bedenkliche Wort gehört,
er, den Lassalle gelehrt, daß alle Freiheit den Armen
garnichts nutze, sondern die Frage der Zeit nichts weiter,
als eine „Leib= und Magenfrage" sei. Aber Social=
demokraten gab es damals nicht, wenigstens nicht bei
uns. Die hirnverbrannten Schriften des Schneiders
Weitling hatten wir allerdings mit bedenklichem Kopf=
schütteln gelesen. In dieser Gesellschaft hätte auch
schwerlich ein Socialdemokrat Anklang gefunden. So
sehr man ein „freies Wort" zu hören begehrte: gewisse
Dinge, wie Aufforderung zum Aufruhr, Predigen der
Republik oder socialistische Ideen hätte man nicht ruhig
angehört. Die Ersten, die den Redner unterbrochen
hätten, wären die Führer gewesen.

So ging der Winter dahin. Es stand dahin, ob
jene Privatgesellschaften dem Bedürfnisse genügten, ob
sie sich weiter als lebensfähig erweisen würden, ob man
genöthigt sein würde, auf neue Formen der Vereinigung
zu sinnen, als eine unerwartete Wendung eintrat.

XIII.

Die städtische Ressource und die Besprechung der Tages= politik.

Die städtischen Behörden ergriffen nach dem Muster einer geselligen Vereinigung, die sich in Breslau unter der Aegide des Magistrats gebildet hatte, die Initiative. Die Staatsbehörde war ohne Zweifel in höherem Maße der beständigen Repression müde als die Führer der liberalen Partei, stets neue Organisationen zum persön= lichen Meinungsaustausche zu schaffen. So war die Situation günstig, wenn ein neuer Verein mit einer Art Garantie für maßvolle Besprechung öffentlicher Ange= legenheiten die Genehmigung zu seinem Bestehen bean= tragte. Die städtischen Behörden, welche die ganze Sach= lage überblickten und es im Interesse der Stadt glaubten, die doch nicht zu zerstörende Bewegung in geordneten Bahnen zu erhalten, fanden sich daher im Einverständ=

nisse mit den Behörden und den bisherigen Leitern der
Bewegung gern bereit, ihre Hilfe zu bieten. Letztere
hatten keine Ursache, die dargebotene Hand zurückzu=
weisen. Sie sahen sehr wohl voraus, daß dse Vorträge
sehr beschränkt und der Debatte ein starker Zügel an=
gelegt sein würde, aber sie hielten das Zusammhalten
der liberalen Bürgerschaft, die persönliche Berührung
im geselligen Kreise für den höheren Vortheil, überdies
überzeugt, daß bei wichtigen Veränderungen und Ereig=
nissen es unmöglich sein würde, der Redefreiheit irgend
eine Fessel anzulegen. Dies hat sich vollständig be=
stätigt.

Nach dem Statut vom 20. März 1846 war der
Zweck des Vereins der städtischen Ressource Beförderung
des Gemeinsinns und Annäherung der verschiedenen
Klassen der Königsberger Einwohnerschaft durch ge=
selligen Verkehr. Der Vorstand bestand aus neun
Personen, von denen zwei dem Magistrats=Collegium
und zwei der Stadtverordneten=Versammlung angehören
mußten. Dem Vorstand stand ein Ausschuß von zwölf
Mitgliedern zur Seite zur Aufnahme und Ausschließung
von Mitgliedern. Die Vorstands= und Ausschußwahl
erfolgte jährlich zu einem Drittel, das ausscheidende
Drittel bestimmt in den beiten ersten Jahren das Loos,
später das Dienstalter. Vacanzen im Laufe des Jahres

ergänzt der Vorstand durch Kooptation. Jeder selbst=
ständige, unbescholtene Einwohner Königsbergs soll auf=
nahmefähig sein. Der jährliche Beitrag beträgt einen
Thaler. Die Ausschließung eines Mitglieds erfolgt in
den für alle Vereine üblichen Fällen, ist aber nur bei
Zustimmung von zwei Dritteln der Stimmen des Vor=
standes und Ausschusses zulässig. Der Ausgeschlossene
kann an die nächste Wochenversammlung appelliren, die
durch einfache Majorität entscheidet. Die Bestimmungen
über Rechnungslegung und Decharge, wie über General=
versammlungen sind die gewöhnlichen.

Was aber nicht in den Statuten stand, war die
Ausschließung politischer und religiöser Vorträge und
die Vorbedingung der Zensur der Vorträge durch den
Vorstand. Jeder hatte für diese augenblicklich vielleicht
nothwendigen Bestimmungen gutes Verständniß. Jeder=
mann wußte, daß derartige Bestimmnngen in gährender
Zeit sehr schnell außer Uebung kommen. Ueberdies
stellte sich schnell ein Korrektiv ein. Die abgelesenen
Vorträge hörten bald von selbst auf; an ihre Stelle
trat die freie Rede und die Debatte. Die Mitglieder
der früheren Bürgergesellschaft waren der neuen Ressource
wohl vollständig beigetreten, außer ihnen aber auch
zahlreiche neue Kreise, auch Beamte in nicht geringer
Zahl. Die Führer der Bürgergesellschaft gelangten

schnell in den Vorstand. Mir ward die Ehre zu Theil, bereits im Juni 1846 durch Kooptation in den Vorstand zu gelangen. Die aufgelöste Bürgergesellschaft war augenscheinlich das Muster des neuen Vereins. Die Gunst der Zeit ließ ihn aber länger bestehen. Er endete erst durch Selbstauflösung in der schlimmsten Zeit der Reaction, 1851. Dieser Verein, wie er selbst der Bürgergesellschaft entstammte, ist das Muster der späteren Bildungsvereine. Aber mit der Aenderung der Zeit, der geläuterten Erfahrung, der Umstimmung der Gemüther machte sich ein wesentlicher Unterschied bemerklich. Während man in der städtischen Ressource beständig zur lebhaftesten Befriedigung der Hörer ausdrücklich oder anspielend auf das Gebiet der Politik hinübergriff, und der Vorsitzende große Mühe hatte, in bescheidener Weise zu interveniren — durch energisches Zurückweisen hätte er sich unmöglich gemacht — und endlich bei wachsender Erregung und der drohenden Staatskatastrophe der politischen Ansprache kein Widerstand mehr entgegengesetzt werden konnte — hielten sich die späteren Bildungsvereine mit Bewußtsein und consequent der Tagespolitik fern, für deren Besprechung Vereine und Versammlungen in reicher Fülle offen standen, während damals die städtische Ressource Eins und Alles war. Ich hatte als Vorsitzender des hiesigen Handwerkervereins darüber

im Jahre 1863 in Leipzig eine längere Auseinander-
setzung mit Schulze-Delitzsch. Wir stimmten Beide darin
überein, daß nicht Furcht und Zaghaftigkeit, sondern
gewissenhafte Ueberzeugung zu diesem Grundsatze hin-
führen müsse. Politische Vereine haben stets ein kurzes
Leben, Bildungsvereine sind von dauerhaftem Bestande,
denn das Gebiet, in dem sie sich bewegen, ist ein un-
endliches. Wird nun gar Politik mit Parteipolitik
identisch, und sind die Gegensätze der Parteien hochgespannt,
dann steht das Betreiben von Parteipolitik in Bildungs-
vereinen mit dem erhabenen Zwecke derselben im schroffsten
Widerspruche. Bildungsvereine können und sollen für
das Gebiet der Politik nur insofern Früchte tragen, als
sie aufklären, den Gesichtskreis erweitern, Vernunft und
Wissenschaft verbreiten. Wem diese Wahrheit nicht
schon früher einleuchtete, dem wird sie in Zeiten
politischer Uebersättigung klar, in denen man glücklich
ist, sich aus dem Parteigezänk auf neutralen Boden
retten zu können, aus dem Dunst und Brodem in den
reinen Aether des Wahren und Schönen.

Doch die Zeit vor 40 Jahren war ganz anders
geartet. Was heute Frucht der Erfahrung ist, konnte
damals nicht gelten, da man noch gänzlich ohne Erfahrung war. Und einer erwachenden, lebendigen Jugend
reinsten Freiheitsstrebens konnte man nicht den Ernst

und die Hypochondrie des vielgeprüften Mannes zumuthen. Der Verein ging zuerst ruhig und ernst seine
Bahnen. Vorsitzender war zuerst Bürgermeister Sperling,
dann Oberbürgermeister Krah, später wiederum Bürgermeister Sperling. Zunächst lenkten lokale Kalamitäten
vom Gebiete der Politik ab. Der schwere Nothstand,
der Ostpreußen am Ende des Jahres 1846 und in der
ersten Hälfte des Jahres 1847 heimsuchte, bildete
Monate lang den Gegenstand ernster Debatten; man berieth die Gründung einer Anstalt zur Nachweisung von
Arbeit, zeichnete dafür Beiträge und führte sie eine Zeit
lang durch. Alsdann lenkte eine neue, etwas abenteuer-
liche Angelegenheit die Aufmerksamkeit auf sich. 200 Ostpreußen, darunter Mitglieder der früheren Bürgergesellschaft, waren nach der Mosquitoküste ausgewandert.
Im elendesten Zustande landeten sie in Blewfields, einer
englischen Factorei. Dort nahmen sich der englische
Consul Walker und seine Gemahlin der Ausgewanderten
auf's Edelmüthigste an und sorgten für ihre Zukunft.
Begeisterte Briefe der Geretteten wurden in der städtischen
Ressource vorgelesen; man beschloß einen herzlichen Dank
für das den Landsleuten Erwiesene, entwarf eine Adresse
und spendete Lady Walker einen prächtigen Bern-
steinschmuck. Alsbald lief die Antwort des Mr.
Walker ein. Sie lautete sehr verbindlich und hier-

mit hatte der Austausch internationaler Höflichkeiten
ein Ende.

Nach dieser Idylle machte sich wieder der Ernst
des deutschen Lebens geltend. Ein herrlicher Festabend
trat dazwischen, als Lobeck, der allverehrte Gelehrte,
den Verein auf die Bitte des Vorstands mit einem Vortrage über das Gefängnißwesen der Alten auszeichnete.
Ein anderes Mal besuchte — so hatten sich die Zeiten
geändert — der Oberpräsident Bötticher, ein durchaus
wohlwollender Mann, die Versammlung, ward mit
Ehren empfangen und sprach sich über den Geist, der
in dem Verein waltete, sehr befriedigt aus. Diese Befriedigung hätte sich sehr vermindert, wenn er kurze
Zeit darauf die Versammlungen besucht hätte. Die
öffentlichen Angelegenheiten drängten sich mehr und mehr
auch dem Gleichgiltigsten auf, die Erregung wuchs, die
Debatten des Vereinigten Landtags, der Protest der
138 Abgeordneten, zu denen auch die drei Königsberger
Abgeordneten: Bürgermeister Sperling, Professor Dulk
(Vater von Albert Dulk) und Kaufmann Heinrich gehörten, gegen die unzureichenden Bestimmungen des
Patents vom 3. Februar 1847, die Vorgänge in der
Schweiz, die bald zum Sonderbundskriege führten. Alles
ließ die Ausschließung der politischen Debatte, die bisher
nur gestreift war, unnatürlich erscheinen. Johann

Jacoby, der die Zeichen der Zeit aufmerksam verfolgte, ohne seit den Tagen der Privatgesellschaften im Hotel du Nord erheblich hervorgetreten zu sein, ward von allen Seiten bestürmt, gegen die neue preußische Verfassung von 1847 noch einmal seine „Vier Fragen" in zweiter Auflage in's Feld zu führen. Jacoby erklärte sich dazu nicht bereit, da eine gründliche und beweiskräftige Schrift Vorstudien erfordere, die er augenblicklich nicht übernehmen könne. Er war überhaupt stets nur der Mann eigener Initiative und liebte es nicht, auf fremden Antrieb zu handeln. Da erschien Heinrich Simons Schrift „Annehmen oder ablehnen?" die einen bedeutenden Eindruck machte, obwohl derselbe wie der Werth der Schrift mit dem von Jacobys „Vier Fragen" sich nicht messen kann.

XIV.

Der Abschluß der vormärzlichen liberalen Bewegung.

Der Vereinigte Landtag war im April 1847 zu=
sammengetreten. Der König hatte jene bekannte An=
sprache gehalten, in der er erklärte, daß keine Macht
der Welt ihn bewegen solle, ein Blatt Papier zwischen
sich und sein Volk treten zu lassen, Worte, welchen das
Schicksal nach kaum Jahresfrist so schneidend entgegen=
trat. Nun folgten die Verhandlungen des Landtages
selbst; zum ersten Male las man stenographische Berichte;
die Redner, vor allen der vernichtende Spott Vinckes
ward bewundert. Die Verhandlungen über die Verhält=
nisse der Juden trieben die Frage der Gewissensfreiheit
gegenüter den orthodox-pietislischen Tendenzen der Regie=
rung scharf in den Vordergrund. Endlich machte das
Votum unserer Abgeordneten in der Frage des Baues
der Ostbahn, welchen sie trotz der vitalen Interessen

der Provinz ablehnten, weil zur Bewilligung einer An-
leihe allein die Reichsstände competent seien — den
tiefsten Eindruck. Unsere heimgekehrten drei Abgeordneten
wurden im Triumphe empfangen, Sperling, der in der
Judenfrage die Gewissensfreiheit vertreten hatte, ward
hoch gefeiert. Ein festliches Bankett, den Abgeordneten
in der deutschen Ressource gegeben, brachte begeisterte
Reden und Trinksprüche.

Und in diesem Augenblicke trat auch eine andere
Corporation in demselben Geiste in das volle Licht der
Oeffentlichkeit. Die Stadtverordneten-Versammlung hielt
am 19. November 1847 ihre erste öffentliche Sitzung.
Der erste Gegenstand der Berathung, der ein zahlreiches,
lebhaft angeregtes Auditorium herbeirief, war die Suspension des Directors der städtischen höheren Mädchen-
schule Dr. Sauter wegen angeblicher politischer Agita-
tionen und die gegen ihn eingeleitete Disciplinarunter-
suchung. Professor Simson, der gegenwärtige Reichsgerichtspräsident, damals Königsberger Stadtverordneter,
trat für Sauters Sache mit eindringlicher Beredtsamkeit
ein. Die Regierung fand in der großen Versammlung nur
einen Partisan, den Kaufmann Abr. Möller, dessen ober-
flächliche Ausführungen allgemeines Mißfallen erregten.

Und inmitten dieses lebendigen Lebens sollte in
dieser städtischen Ressource, dem Sammelplatze des

Bürgerthums, das zuerst in ganz Deutschland die Fahne verfassungsmäßiger Freiheit erhoben, kein Wörtchen Politik verhandelt werden dürfen? Einer der ausgezeichnetsten Redner des Vereines, ein unvergleichlicher Dialektiker, der in der Regel mehr durch die Kunstform des Vortrages erfreute, als überzeugte, Subrector Wechsler: diesmal zündete sein Spottcitat, als er dem verlegenen Vorsitzenden mit unnachahmlichem Tone zurief:

> Wir wollen heiter Kränze winden,
> Wir wollen wie die Kinder sein.

Bald bei vorschreitenden Ereignissen, als die Pariser Februartage überraschend hereinbrachen, überstieg die Hochfluth unhemmbar die Dämme. Der Vorsitzende mußte sich, indem er jede Verantwortung ablehnte und sich auf den einstimmigen Willen der Versammlung berief, ergeben und die aufregende Tagespolitik verdrängte jeden anderen Gegenstand. Ob man es beklagen mochte oder nicht, das Geschehene war unvermeidlich und nothwendig durch die Zeitereignisse bedingt. Die neuesten Zeitungen wurden vor einer athemlos lauschenden Versammlung vorgelesen. Ja, man ging weiter. Man beschloß eine Petition an den König um Volksvertretung, freie Presse, ein deutsches Parlament. Vergeblich sträubte sich der Vorsitzende. Die Petition ward mit zahlreichen Unterschriften versehen; sie war eine Vorläuferin der gleichlautenden Petition der Stadtverordneten-Versammlung und einer großen Zahl von Städten der Provinz. Die Regierung sah diese Vorgänge als höchst bedenklich an. Man sprach von bevorstehenden Verhaftungen, zu denen es nicht kam. Der Vorsitzende ward zur Polizei geladen und verwarnt. Er theilt dies der nächsten Versammlung mit und spricht seine Erwartung aus, daß man sich nunmehr politischer Besprechungen vollständig enthalten werde. Allgemeiner Widerspruch. Der Saal und alle Nebenräume sind überfüllt, auf der Straße ist eine immer mehr anschwellende Volksmenge·versammelt und begehrt Einlaß. Die Gewährung dieses Wunsches war unmöglich; denn Alle innerhalb des Saales standen im dichtesten Gedränge. Jeder Vortrag, jede Debatte waren unmöglich. Als die Versammlung geschlossen war, wogten gewaltige Menschenmassen durch die Straßen. Ihr Ziel war das Polizeigebäude, in dem der so unpopuläre Präsident Lauterbach wohnte. Und nun begann ein beklagenswerther und unwürdiger Exceß, völlig zwecklos und ganz wider Sinn und Absicht der Führer der liberalen Partei. Man zertrümmerte die Fensterscheiben und suchte in das schnell verschlossene Gebäude einzudringen. Cavallerie sprengte an und hieb scharf ein. Kein Menschenleben war zu beklagen; der Haufe war sofort gesprengt. Die vorgekommenen Verwundungen waren leicht.

10*

Wie es in so hocherregten Zeiten herzugehen pflegt, schreckte dieser Vorgang nicht, vielmehr regte er noch heftiger auf. Man verlangte nach Waffen, um sich zu schützen. Die von Außen anlangenden Nachrichten, die Ereignisse in Wien, unterhielten die Bewegung. Immer dringendere neue Petitionen ergingen an den König, die Sprache ward kühner. Die letzte, in einer Privatversammlung entworfen, ward am 15. März abgesendet. Der Gedanke einer Bürgerwehr fand überall Anklang. Erst die Erfahrung der Folgezeit hat an der Ausführbarkeit und Zweckmäßigkeit dieser Institution gerechte Kritik geübt. Neue Versammlungen der städtischen Ressource fanden ein immer erregteres Auditorium. Ruhige Erörterung der Dinge war unmöglich geworden. Das Reich der Leidenschaft hatte begonnen. Die Furcht vor einer russischen Intervention, allgemein verbreitet, beunruhigte alle Gemüther. Von allen Seiten verlangte man, daß gegen die Russen das gesammte Volk aufgeboten und bewaffnet werde. Die Nachricht, daß ein Courier mit einer Depesche, von Berlin nach Petersburg bestimmt, angelangt sei, entflammte die Gemüther auf's Aeußerste. Es heißt, die Depesche befinde sich in den Händen des Postdirectors. Sofort strömt die Menge nach dem Postgebäude und verlangt vom Postdirector Pfitzer die Aushändigung der Depesche.

Die Depesche war bereits weiter nach ihrem Bestimmungs-
orte expedirt. Sofort eilt ein flüchtiges Gefährt aus
dem Thore der Depesche nach, und in kurzer Zeit zeigen
die zurückgekehrten Bürger triumphirend, langsam durch
eine wogende Volksmenge fahrend, die glücklich erbeutete
Depesche. Man stürzt nach dem Rathhause, um dem
Magistrat die Depesche zu überantworten. Der Magistrat
lehnte mit Entrüstung die Zurückhaltung der Depesche
ab und nimmt sie nur an, um sie dem Oberpräsidenten
zuzustellen. Man erzählte später, ohne daß dem Widerspruch entgegengesetzt wurde, allgemein, daß die so gefürchtete Depesche lediglich eine Privatangelegenheit be-
troffen habe. Nach Verlauf mehrerer Monate war
diese Depeschenangelegenheit Gegenstand eines gerichtlichen Verfahrens gegen zwei hervorragende Mitbürger.
Es ward jedoch auf Freisprechung erkannt.

Mehrere Tage war die Post aus Berlin ausge-
blieben. Ueberall in den Straßen und auf den Plätzen
waren Gruppen versammelt, welche die Ursache dieses
Ausbleibens ventilirten und Vermuthungen aussprachen,
die das Richtige trafen. Am 21. März 1848 kam die
Post endlich an und brachte von der ungeheuren Kata-
strophe in Berlin sichere Kunde. Der Freudenrausch
der Gemüther erreichte seinen Höhepunkt.

Niemand warf in diesem Augenblicke eine Frage

auf, die dem Kenner der Geschichte nahe lag, und hätte er sie aufgeworfen: er wäre ein Frager in der Wüste gewesen, man hätte ihn für einen Sonderling, wahrscheinlich aber für etwas viel Schlimmeres gehalten, die Frage: wird und kann das im Sturm Eroberte Dauer und Bestand haben? wird, wenn die Sturmfluth sich verlaufen hat, mehr übrig bleiben, als ein Residuum von Paragraphenbuchstaben, die nur durch die friedliche Arbeit langer Jahre Inhalt und Wirksamkeit gewinnen können, die friedliche Arbeit, welche allein das Erreichbare, wenn auch spät, aber sicher und für die Dauer zu erringen vermag, die friedliche Arbeit, welche bisher Königsbergs schönste Mission war und es Jahre lang zur politischen Hauptstadt Preußens und Deutschlands machte, die Arbeit der Aufklärung und Belehrung, der Bildung der Intelligenz und des Charakters, vor Allem des Erwerbes von Sachkenntniß, ohne die keine praktische Kunst — und die Politik ist eine eminent praktische Kunst — gedeihen kann?

Königsberg verlor in diesem Augenblick seine führende Stellung und trat sie an die Hauptstadt ab, deren chaotisches Treiben wenig Hoffnung gewährte. Königsbergs einheitliche liberale Partei zerfiel in verschiedene Parteien. Der Liberalismus erklärte den Radikalismus für gemeingefährlich, der Radikalismus verspottete den Libera-

lismus als lauwarm und unentschlossen. Die über=
rumpelten Conservativen traten anfangs zaghaft, dann
immer kühner hervor und in kurzer Zeit terrorisirte der
Preußenverein die Stadt der „reinen Vernunft".

XV.

Die religiösen Anschauungen der Königsberger Bürgerschaft.

Das lokale und Zeitbild, das ich entwarf, wäre unvollständig, wenn ich nicht auch die religiösen Bewegungen, kaum minder lebhaft als die politischen, in den Kreis meiner Betrachtung zöge.

Der größte Realist unter den französischen Staatsmännern der Neuzeit, Thiers, spricht an einer Stelle seiner Geschichte des Consulats und Kaiserreichs ein Wort, das seitdem ein geflügeltes wurde: „In Sachen der Altäre gelten nur die überlieferten Dinge." Sollte mit diesem Ausspruche gemeint sein, daß es unserer Zeit an geistiger Kraft gebreche, eine Reform oder Neubildung der Kirche zu unternehmen, so wäre der Ausspruch ein ebenso unverdientes als trostloses Armuthszeugniß für die Gegenwart. Wenn jener Ausspruch aber sagen

will, daß politische und sociale Interessen so vorwiegend
in den Vordergrund der Zeit getreten seien, Kunst und
Wissenschaft einen so breiten Raum im Leben der Cultur-
völker einnehmen, daß ein Interesse für eine kirchliche
Reform absolut nicht mehr aufkommen könne: dann ist
der Ausspruch wahr. Oder bedarf es zur Erhärtung
dieser Wahrheit mehr als eines Vergleiches zwischen
dem sechszehnten Jahrhundert, der Aera der Reformation, und dem politischen Jahrhundert, dem neun-
zehnten?

Damals gab es nichts, was sich der Begeisterung
für die neue Lehre vergleichen ließe. Luthers Name
erfüllte im fernsten, weltverlorensten Gebirgsdorfe die
Gemüther der Armen und Bedrängten, jedes Flugblatt
ward mit Jubel verbreitet. Von nichts, als ihm, der
„Wittenbergischen Nachtigall" sprach man an den Höfen,
auf den Ritterburgen, in den Rathhäusern und den
Trinkstuben der Zünfte. Volksmassen empfingen begeistert die wandernden Prediger der neuen Lehre, führten
sie im Triumph in die Städte ein, zwangen den ängst-
lichen und widerwilligen Rath, ihnen die Kirchen einzu-
räumen, und das Ketzerthum, eben verfolgt, jetzt ver-
folgend, erhob überall siegreich das Haupt. Eines der
Nordreiche nach dem anderen fiel ihm anheim; in
Deutschland eroberte es sich ein Terrain, weit ausge-

breiteter als das heutige, und erst einer blutigen Gegen=
reformation gelang es, einen großen Theil zurück zu
erobern. Nunmehr kam die trostlose Zeit des theo=
logischen Gezänks, des unseligen Ketzerstreits zwischen
Lutherischen und Reformirten, dann die lange Nacht
des öden, siebzehnten Jahrhunderts, nur erhellt von der
Brandfackel des deutschen Krieges, das literarische, das
achtzehnte Jahrhundert, das der Aufklärung, und end=
lich unser Jahrhundert, das politisch=sociale. Und nun
vergleiche man mit jenem rapiden Strome, der die
lutherische Lehre vor fast 400 Jahren über halb Europa
verbreitete, das schwache Bächlein, den pygmäischen Erfolg
jener reformatorischen Bewegungen der vierziger Jahre
unseres Jahrhunderts. Jetzt nach vierzig weiteren
Jahren ist es nicht gelungen, mehr als einen winzigen
Bruchtheil des deutschen Volks der religiösen Reform
zu gewinnen. Und dies, obwohl nicht geringe Männer
an der Spitze der Bewegung standen, ein Mann von
dem sittlichen Adel, der Charakterstärke und dem um=
fassenden Wissen Rupps, eines der edelsten Bürger
Königsbergs, der populären Beredtsamkeit und seltenen
Weltklugheit Uhlichs, der Geistesschärfe Wislicenus.
Die deutschkatholische Bewegung erlosch, kaum begonnen,
freilich nicht ohne die Schuld ihrer Führer, des mittel=
mäßigen Czersky, des rasch verflackernden Ronge und

des unreifen Radikalismus Doviats. Wer jene religiöse
Bewegung aufmerksam verfolgte und ihr in's Herz
schaute, insbesondere die Natur der Sympathie, die sie
zunächst überall fand, erkannte, der fand sehr bald, daß
sie nur eine Theilerscheinung des allgemeinen Kampfes
gegen die Autorität auf allen Gebieten war. Was in
ihr anzog, war der Ruf nach Gewissensfreiheit, einer
eminent politischen Forderung. Sie war der natürliche
Widerhall gegen den pietistisch = orthodoxen Zug der
Regierung, der selbst wiederum nur eine Theilerscheinung
des gesammten ständisch=romantischen Systems war.

Niemals vielleicht war die Königsberger Bürger=
schaft einer freien Auffassung in religiösen Dingen so
zugänglich als in jenen vierziger Jahren, und dies in
vollem Wahrheitsdrange, ohne die frivolen Anklänge des
Zeitalters der Encyklopädisten. In den weitesten Kreisen
der Bürgerschaft las man mit Aufmerksamkeit die Schriften
von David Friedrich Strauß und Ludwig Feuerbach,
vor allen die von Strauß, der damals mit nicht
geringerer Einstimmigkeit der praeceptor Germaniae
genannt wurde, als seiner Zeit Melanchthon.

Ich hatte damals überreiche Gelegenheit und für=
wahr auch das genügende Interesse dafür, die Grund=
sätze der Königsberger Bürgerschaft in religiösen Dingen
kennen zu lernen. Ich bleibe in den bescheidensten

Grenzen der Wahrheit, wenn ich sie in folgenden Sätzen resumire:

Es sei unzulässig, den sittlichen Werth eines Menschen nach seinen Anschauungen über metaphysische Dinge, die Entstehung der Welt, das Dasein eines überweltlichen persönlichen Gottes, die Unsterblichkeit der Seele u. s. w. abzuschätzen. Die tägliche Erfahrung lehre, daß es unter Gläubigen neben höchst sittlichen Menschen auch solche ohne allen sittlichen Werth, unter Ungläubigen und Freidenkern Männer von höchstem sittlichem Werth gebe, daß keine Weltanschauung die Sittlichkeit absolut bedinge, keine sie absolut ausschließe. Sittlicher Werth sei aber das Höchste, was man von einem Menschen verlangen und erwarten könne, gleichgiltig, aus welcher Weltanschauung er herstamme, und hier wußte sich der Königsberger im vollsten Einverständnisse mit seinem großen Landsmann Immanuel Kant. Der Wahlspruch der Guten sei allein das Goethe'sche Wort:

„Edel sei der Mensch,
Hilfreich und gut,"

Und so bildeten die sittlichen Menschen aller Confessionen eigentlich eine Gemeinde, denn sie hätten gemeinsam, was vor Allem Noth thue. Dies Gefühl der Gemeinschaft zeigte sich sofort, als zum ersten deutsch=katholischen Gottesdienste in der französisch=

reformirten Kirche auch Nichtchristen, wie Johann Jacoby, Dr. Kosch, der spätere Abgeordnete, und ich eingeladen wurden, eine Einladung, der wir selbstverständlich Folge leisteten.

Aus dieser Voranstellung der Sittlichkeit, als des höchsten Guts, und ihrer schönsten Blüthe, der Humanität, folge aber das Gebot absoluter Toleranz. Man müsse jeden Glauben achten und die bürgerlichen Rechte Niemandem, er hänge dieser oder jener oder auch gar keiner Kirche an, verkümmern. Schon das theure Vermächtniß Friedrichs des Großen, in dessen Landen Jeder „nach seiner Façon" selig werden durfte, das Gesetzbuch aus der Zeit der Aufklärung, das Allgemeine Landrecht, stellte den trefflichen Grundsatz auf:

Die Begriffe der Einwohner des Staats von Gott und göttlichen Dingen, der Glaube und der innere Gottesdienst können kein Gegenstand von Zwangsgesetzen sein.

Aber es sei dann inconsequent gewesen, eine Reihe bürgerlicher Rechte und familienrechtlicher Verhältnisse von kirchlichen Formen abhängig zu machen. Die Beglaubigung der Geburten, Eheschließungen und Todesfälle müsse bürgerlichen Behörden übergeben, der gerichtliche Eid müsse reformirt, bürgerliche Kirchhöfe einge=

richtet werden. Daß alle bürgerlichen und staatsbürgerlichen Rechte jedem religiösen Bekenntnisse und auch
Denen, die außerhalb jedes kirchlichen Verbandes ständen,
gleichmäßig eingeräumt werden müßten, sei selbstverständlich. Johann Jacoby hatte wiederholt bei Ver-
nehmungen als Zeuge dem Richter erklärt, daß die
(damalige) Eidesformel für seine Ueberzeugung ohne
Bedeutung sei und nicht in ihr, wohl aber in seinem
Gewissen, die Gewähr liege, daß er die Wahrheit aus-
sagen werde. Der Richter hatte stets, wie es in der
Natur der Sache lag, diese Erklärung sehr kühl aufgenommen und sich auf die Bemerkung beschränkt, daß
ihn die persönliche, religiöse Ueberzeugung des Zeugen
nicht interessire und er lediglich beauftragt sei, ihm den
Eid in der gesetzlich vorgeschriebenen Form, an der er
nichts ändern könne, abzunehmen.

Von diesem dargelegten, religiösen Standpunkte der
Königsberger Bürgerschaft aus hätte man die heute
geltenden Gesetze freudig acceptirt: die verfassungsmäßige
Unabhängigkeit der bürgerlichen und staatsbürgerlichen
Rechte vom religiösen Bekenntnisse und in Consequenz
derselben die Einrichtung der Standesämter, die Reform
des gerichtlichen, für alle Confessionen gleichen Eides,
dessen Bekräftigungsformel kein Gewissen beschwert. Von
diesem Standpunkte aus hätte man sich aber nicht mit

allen jenen Gesetzen unserer Tage, die unter dem Namen der Maigesetze bekannt sind, einverstanden erklärt, so werthvoll einige derselben erschienen wären.

Diese damaligen Grundsätze, die im Großen und Ganzen sich auch heute wenig verändert haben mögen, waren — was das Wesentlichste ist — vollständig in die Sitte übergegangen. Der freundliche Verkehr unter den Confessionen von der Schulbank und der Universität bis zu den Jahren männlicher Berufsarbeit war die unverbrüchliche Regel. Bis in unsere Tage ist uns die schrecklichste Geißel, welche eine Bürgerschaft heimsuchen kann, Religionshaß und religiöse Verfolgung, fern geblieben, und erst auf diesem Boden sind die Thatsachen verständlich, die jetzt kurz erzählt werden sollen, vor Allem der männliche Muth und die moralische Sicherheit der handelnden Personen, wie sie das Bewußtsein völliger Uebereinstimmung mit den Mitbürgern vorzugsweise gewährt.

XVI.

Die freireligiöse Gemeinde und „die protestantischen Freunde".

Dr. Julius Rupp befand sich auf der Höhe kräftigen Mannesalters, als er durch bemerkenswerthe Kundgebungen in die Oeffentlichkeit trat. Von umfassender klassischer Bildung, die er als Gymnasiallehrer einer großen Zahl von Schülern, von denen nur ein kleiner Theil heute noch lebt — ich habe noch zu seinen Schülern gehört — in unvergeßlicher Weise bewährte, tiefem, sittlichem Ernste, hinreißender Beredtsamkeit, jedes Opfers der Ueberzeugungstreue fähig, war er von einem ruhig brennenden Feuer religiöser Begeisterung durchglüht. Er war eine durch und durch religiöse Natur, und Religion und Humanität und Christenthum waren ihm völlig gleichbedeutend, nur verschiedene Ausdrücke für dieselbe Sache. Von diesem Standpunkte aus hatte der junge Prediger ungescheut in Reden und Vorträgen seine Ueberzeugung ausgesprochen, so in seiner Rede „Ueber den christlichen Staat“, die er an des Königs Geburtstage (15. October 1842) in der „Deutschen Gesellschaft“ hielt. Gegenüber den irreführenden Stichworten der officiellen Welt ist ihm der christliche Staat allein der Staat geistiger Freiheit und voller Humanität. Sodann am Krönungstage, am 18. Januar 1844, führte er in derselben Gesellschaft in einer Rede: „Theodor v. Hippel und seine Lehre vom christlichen Staat“ denselben Gedanken weiter aus. Beide Reden zogen ihm Verwarnungen und Verweise des Consistoriums zu.

Rupp war in einem verhältnißmäßig jugendlichen Alter, mit 33 Jahren (1842), zu einer hervorragenden Stellung als Geistlicher gelangt. Er war Divisionsprediger. Seine Predigten hatten in der Bürgerschaft einen hohen Ruf erlangt. Die Kirche, in der er predigte, war sonntäglich von einem aus allen Confessionen gemischten Publikum besucht. Der Ruf seiner ausgebreiteten Gelehrsamkeit war so groß, daß der Magistrat ihn 1843 zum Gymnasialdirector erwählte. Aber die Bestätigung der Regierung wurde der Wahl versagt.

Wenig mehr als ein Jahr später, am 29. December 1844, that Rupp den entscheidenden Schritt, der ihn aus seinem Amte und in eine neue Lebensbahn warf. An diesem Tage sagte er sich von dem Athanasianischen Symbolum los, dessen Eingangsformel er für unvereinbar mit seiner Auffassung des Christenthums als Humanitätsreligion erklärte. Die Untersuchung ward gegen ihn eröffnet, ihr Schluß war seine Amtsentsetzung. Ein Widerruf war ihm nahe gelegt; in zahlreichen, populären, damals viel gelesenen Schriften wiederholte und vervollständigte er seine Erklärung in immer entschiedenerem Tone. Achtzehn Königsberger Geistliche wendeten sich mit der Bitte an das Consistorium, die Absetzung rückgängig zu machen und die seltene Kraft Rupps seinem Amte zu erhalten. Die Bittschrift war überaus zahm und vorsichtig abgefaßt. Sie ward natürlich ablehnend beschieden. Die zahlreichen Anhänger Rupps gründeten bereits am 16. December 1845 eine freireligiöse Gemeinde und beabsichtigten, sobald sie sich constituirt hätten, Rupp zu ihrem Prediger zu wählen. Ein großer Theil der Bürgerschaft erwartete diesen Moment, um der neuen Gemeinde beizutreten, als ein Zwischenfall eintrat, der durchaus nicht die Bildung der Gemeinde verhinderte, aber ihre Anhängerschaft unzweifelhaft verminderte. Am 7. Januar 1846 fand eine Generalversammlung der bisherigen Mitglieder im Hause des Consuls Oppenheim statt. Rupp wurde einstimmig zum Prediger gewählt. Rupp, eingeführt, dankt für das bewiesene Vertrauen, stellte jedoch für die Annahme der Wahl einige Bedingungen, die Befremden erregten. Er schlug zunächst das brüderliche „Du" unter allen Gemeindemitgliedern vor. Sodann verlangte er für Jeden das Recht der Rüge, wenn ein Mitglied im Vertrauen auf sein Talent sich in der Gemeindeversammlung über die Anderen zu erheben suche. Endlich ward das Gerücht verbreitet, daß Rupp den Communismus anstrebe. Dies Gerücht war entschieden unwahr, geradezu eine Verleumbung. Rupp hatte sich in seiner Rede über Hippel offen gegen den Communismus erklärt. Die Versammlung ward, ohne daß eine Einigung zu Stande kam, geschlossen.

Rupp entschloß sich jedoch auf die Vorstellungen des Presbyteriums der Gemeinde, um der von ihm hochgehaltenen Sache willen, seine Bedingungen zurückzunehmen, und so kam am 12. Januar 1846 die Constituirung der Gemeinde und seine Wahl zum Prediger zum Abschlusse. Am 18. Januar 1846 sollte der erste Gottesdienst stattfinden, der Magistrat hatte den Rathhaussaal für diesen Zweck bewilligt. Aber ein Befehl des Oberpräsidenten verbot dem Magistrat die Einräumung des Saales, da die neue Gemeinde noch nicht als geduldete vom Staate anerkannt sei, zu welchem Zwecke erst ihre Grundsätze geprüft werden müßten, und zwar, da sie sich als „evangelische" bezeichnet habe,

durch das Consistorium, dessen Aufsicht sie unter=
worfen sei. Ehe dies geschehen, könne ein Gottesdienst,
der die Grenzen der Hausandacht überschreite, weder in
Privat= noch in öffentlichen Gebäuden gestattet werden.
Das Polizeipräsidium erließ an das Presbyterium ein
gleiches Verbot; das Consistorium verbot Dr. Rupp, da
er seinen Austritt aus seinem bisherigen Kirchenver=
bande noch nicht erklärt habe, jede Amtshandlung. Das
Presbyterium erwirkte vom Oberpräsidenten wenigstens
die Erlaubniß, daß die Gemeinde, da die Kürze der Zeit
eine Mittheilung des Verbots verhindere, sich ver=
sammeln dürfe, um mit dem Verbote bekannt gemacht
zu werden. Dies geschah. Am nächsten Tage, am
19. Januar 1846, beschloß eine einberufene General=
Versammlung in Gegenwart eines Notars und zweier
Zeugen eine Erklärung an den Oberpräsidenten, laut
welcher 3 — 400 Mitglieder ihren Austritt aus der
evangelischen Landeskirche erklärten, ihre religiösen
Grundsätze in der Kürze darlegten, die Presbyterial=
Verfassung einführten und nunmehr als neue Religions=
gesellschaft anerkannt zu werden verlangten. Außerdem
wurde ein Manifest an alle evangelischen Geistlichen
und Gemeinden beschlossen, welches die Sachlage noch
einmal beleuchtete und zur Entscheidung für Dr. Rupp
oder das Consistorium aufforderte. Bereits am 25. Januar

1846 konnte darauf der erste öffentliche Gottesdienst der
Gemeinde stattfinden und Rupp vor ihr predigen.

Die Gemeinde hat seitdem alle Schicksale des
öffentlichen Lebens in Preußen an sich erfahren müssen.
Zunächst geduldet, in den Jahren des „weißen Schreckens“,
der berüchtigten Reactionsperiode von 1852—1858, als
„politischer Club“ gehetzt, verfolgt, unterdrückt, hat sie
in späteren freieren Zeiten und seitdem bis heute unge-
hindert ihre Wirksamkeit entfalten können.

Die allgemeine Erwartung, daß von der Gründung
der freien Gemeinde in Königsberg und mehrerer ihr
verwandten in der Provinz Sachsen eine tiefgehende
Spaltung in der evangelischen Landeskirche ausgehen
werde, hat sich eben so wenig erfüllt, als die katholische
Kirche durch die Bildung deutschkatholischer Gemeinden
auch nur die leiseste Erschütterung erfuhr, gleichwie in
unseren Tagen, trotz der anfänglichen mächtigen Protec-
tion der Reichsregierung, der Altkatholicismus sich nicht
auszubreiten vermochte. Nicht ohne ein Gefühl von
Wehmuth kann man heute Uhlichs Ansprache an die
protestantischen Freunde, Wislicenus’ geistvolles Buch:
„Ob Schrift? ob Geist?“ lesen, in denen hohe Erwartung wichtiger Veränderungen durchklingt. Am
gründlichsten aber täuschte sich ein so erfahrener Histo-
riker wie Gervinus („Die Mission des Deutschkatho-

licismus"), der vorhersagen zu dürfen meinte, daß der
Deutschkatholicismus berufen sei, dem Streite der Con=
fessionen in Deutschland ein Ende zu machen und die
einige Kirche der Zukunft vorzubereiten. Was im
sechzehnten Jahrhundert möglich war, dem versagt sich
das achtzehnte Jahrhundert. In unserem, von realen
Interessen bewegten, reflectirenden Jahrhundert ist die
Naivetät und Unmittelbarkeit gläubiger Empfindung
des sechszehnten Jahrhunderts nicht möglich. Zwischen
beiden Jahrhunderten liegt eine aufklärende Weltlitera=
tur und eine Reihe mächtiger politischer Kämpfe. Was
man damals bei uns wollte, war nicht die Gründung
einer neuen Kirche, die unmöglich war, sondern den
freien Staat, den Staat der Rechtsgleichheit und der
Selbstverwaltung, der wirthschaftlichen Selbsthilfe in der
Form der Associationen, der freien Wissenschaft, der
aufklärenden, versittlichenden, confessionslosen Volksschule.
Auf religiösem Gebiete wollte man die Freiheit des
Individuums ohne Schädigung seiner bürgerlichen
Rechte. Gewiß! Die Kluft zwischen den wirklichen
Ueberzeugungen der gebildeten Welt und den Lehren
der Wissenschaft einerseits, dem kirchlichen Glauben
andererseits war groß, freilich nicht größer als schon seit
zwei Menschenaltern, den Tagen Lessings und Kants.
Jedoch sie durch eine neue Kirche zu überbrücken, dahin

neigte das Zeitalter nicht. Seine ganze Neigung con-
centrirte sich in der freien Gestaltung des Staates, als
der realen Verwirklichung der Vernunft. Die damalige
liberale Welt war der freien Gemeinde selbstverständlich
günstig gestimmt. Der freie Denker von damals mußte
aber Anstand nehmen, ihr beizutreten, weil er sich nicht
den hinübergenommenen, wenn auch umgedeuteten
Cultusformen der alten Kirche unterwerfen wollte und,
da es ihm obgelegen hätte, durch regelmäßigen Besuch
der gottesdienstlichen Versammlungen den Anderen ein
gutes Beispiel zu geben, er in ein unfreieres Verhältniß
gerathen wäre, als sein bisheriges war. Denn nicht
mit Unrecht machte man zwischen dem politischen und
religiösen Verhalten des Einzelnen einen wesentlichen
Unterschied. In der Politik, welche freie Gesetze
gleichmäßig für Alle anstrebt, muß auf die Reife und
den Bildungsstandpunkt der gesammten Nation Rücksicht genommen werden: ihnen hat sich der Einzelne
unweigerlich zu accommodiren. In der Religion dagegen
giebt es keine Compromisse; sie ist Herzens= und Ge-
wissenssache des Einzelnen, die er wahren muß, ohne
Rücksicht ob er den Anderen vorangeschritten oder zu=
rückgeblieben sei. Somit führte jede Erwägung auf die
einzige Forderung der Zeit zurück: Gewissensfrei=
heit des Individuums.

Der Bildung der freien Gemeinde waren die Ver=
sammlungen der „protestantischen Freunde" vor=
hergegangen, denen Jedermann ohne Unterschied der
Confession angehören konnte, und denen ich mich daher
auch zugesellte. Sie standen mit denen der Provinz
Sachsen in naher Verbindung. Oberlehrer Wechsler
ward als Abgeordneter der hiesigen Vereinigung zur
Versammlung nach Köthen deputirt. Die protestanti=
schen Freunde konnten bei uns nur neun Versammlungen
in den fünf Monaten ihres Bestehens halten. Am
9. April 1845 zum ersten Male zusammentretend (auf
eine Anregung, welche bereits eine erste Versammlung
zur Zeit des Universitätsjubiläums gegeben hatte), ward
ihre Vereinigung schon am 26. August 1845 polizei=
lich aufgehoben. In den Versammlungen fanden treff=
liche Vorträge und sehr anregende Debatten stets auf=
merksame Zuhörer. Religion und Gewissensfreiheit
wurden vom freiesten Standpunkte aufgefaßt. Am
27. August, dem bestimmten Verhandlungstage, fanden
die sich einfindenden Mitglieder das Versammlungs=
local von Polizeibeamten und Gendarmen besetzt. Man
versammelte sich sofort in einem Garten vor dem
Königsthor und beschloß eine Eingabe an den König.
Am 5. September 1845 sollte die Eingabe vorgelesen
und unterzeichnet werden. Am Nachmittag desselben

Tages ward die Versammlung verboten. Das Versammlungslocal fanden die Eingeladenen, welche bei der
Kürze der Zeit ohne Kenntniß des Verbotes waren,
wiederum von Beamten besetzt. Wiederum fanden sie
sich in einem anderen Local zusammen. Dort ward
die Adresse vorgelesen und unterzeichnet. Am 26. October
1845 erfolgte die Antwort durch den Minister des
Innern, v. Bodelschwingh. Sie lautete dahin, daß die
Versammlungen der protestantischen Freunde im ganzen
Staate ver boten seien und die Königsberger ihr Schicksal zu theilen hätten. Magistrat und Stadtverordnete
vereinigten sich ebenfalls zu einer Eingabe an den
König. Sie wiesen darauf hin, daß bedenkliche Erscheinungen die Gewissensfreiheit als gefährdet erachten
ließen. Ohne ein bestimmtes Petitum überließen sie es
der Weisheit des Königs, den gestörten Frieden wieder
herzustellen. Die Bittschrift trug das Datum des
23. September 1845. Die Antwort des Königs vom
24. October 1845 ermahnt den Magistrat, dafür auch
seinerseits Sorge zu tragen, angesichts der kühnen An-
griffe auf den Glauben der Väter, wie sie sich in neuerer
Zeit bemerkbar machten, das treue Festhalten an diesem
Glauben nach bestem Vermögen zu stützen und der
Sectenspaltung entgegen zu wirken.

XVII.

Ein Eheproceß.

Ungefähr in derselben Zeit riß mich die Wendung
meiner persönlichen Schicksale in eine Reihe von Ereig=
nissen hinein, welche den damaligen Stand der Gewissens=
freiheit in Preußen in greller und erschreckender Weise
beleuchteten. Da jene Ereignisse damals allgemeine
Aufmerksamkeit weit über Deutschland hinaus erregten
und von der französischen und englischen Presse nicht
minder lebhaft verfolgt wurden, als von der deutschen,
und eine authentische Darstellung des merkwürdigen, ge=
sammten Verlaufs derselben noch nicht gegeben ist, so
wird es dem Leser nicht unwillkommen sein, die Wahr=
heit über jene Dinge hier actenmäßig sich berichten zu
lassen. Meine Darstellung müßte weit hinter den That=
sachen zurückbleiben, wenn der Leser nicht den Eindruck
empfinge, daß, was ich zu erzählen habe, nicht etwa vor

nunmehr etwa 40 Jahren, oder überhaupt im 19. Jahr=
hundert, vielmehr vor 400 Jahren im 15. Jahrhundert
passirt sein müsse.

Jude von Geburt, der Verlobte einer Christin,
war ich in vollem Einverständniß mit meiner Braut und
ihren Eltern entschlossen, mich ohne confessionellen Ueber=
tritt zu vermählen. Beide Brautleute waren in ihren
humanistischen, religiösen Ueberzeugungen vollkommen
einig. Keiner verlangte vom Andern den Uebertritt;
beiden erschien das Gelöbniß eines anderen Glaubens=
bekenntnisses in mündigen Jahren ohne und wider die
Ueberzeugung schmachvoll und unwürdig.. Mir war
es überdies nach dem Vorbilde Johann Jacobys morali=
sche Pflicht, bei den unterdrückten Genossen auszuharren.
Nach meiner Ueberzeugung und der meiner rechtsver=
ständigen Freunde war die Ehe zwischen Christen und
Juden nach preußischen Gesetzen nicht verboten. Der
§ 36 des Thl. II. Tit. I des Allgemeinen Landrechts,
des Gesetzbuches aus dem Zeitalter der Aufklärung
lautet: „Ein Christ kann mit solchen Personen keine
Heirath schließen, welche nach den Grundsätzen ihrer
Religion sich den christlichen Ehegesetzen zu unterwerfen,
verhindert werden." Was damit gemeint sei, erhellt
deutlich aus der Entstehungsgeschichte dieses Paragraphen.
Die Stelle lautete im ersten, ungedruckten Entwurf des

Allgemeinen Landrechts: „Der Unterschied der Religion verhindert nur die Ehen der Christen mit Heiden, Mohamedanern und Juden." Gegen diese Fassung ging aber ein Monitum der Gesetzcommission ein, daß es dem aufgeklärten Zeitgeiste nicht gemäß sei, die Ehen wegen Religionsverschiedenheit zu verbieten. Suarez aber, der berühmte Jurist, einer der Redactoren des Landrechts, verwarf dieses Monitum mit der Bemerkung, daß „auch hier die Ehe zur linken Hand eine Ressource sei". Darauf erhielt der Paragraph seine gegenwärtige Fassung. Auch gegen diese Fassung ergingen Monita, theils des Inhalts, den Paragraphen ganz fortzulassen, weil die Religion bei der Ehe gar nicht in Betracht komme, theils, ihn auf alle Personen zu richten, die sich zu keiner der christlichen Kirchen bekennen, theils wie das Monitum von Grolmans, ihn allein auf Juden zu richten, weil wir keine Muhamedaner und Heiden hätten. Auf alle diese Monita antwortete Suarez zurückweisend und für die Deutung der Worte des Paragraphen entscheidend mit den denkwürdigen Worten:

„Alles wohl erwogen, halte ich es für das Beste, den Paragraphen so zu lassen, wie er ist. Warum will man die Ehen zwischen Christen und Juden so schlechterdings verbieten? In den christlichen Ehegesetzen ist nichts, dem sich eine Jüdin nicht

unterwerfen könnte. Findet sie also in der Trau-
ungsliturgie keinen Anstoß, so mag sie ein Christ
immerhin heirathen. Erlaubte doch Paulus, daß
Christen sich mit Heiden verheirathen durften."

Hieraus geht klar hervor, daß der Gesetzgeber die
Unterwerfung unter die christliche Trauungsform von
dem subjectiven Erachten des nichtchristlichen Theiles
abhängig machen wollte. Anderweitige specifisch christliche Ehegesetze giebt es nicht. Die bedeutendsten juristischen Autoritäten theilten diese Ansicht. Zunächst die
Gesetzesrevisoren, welche eine derartige gemischte Ehe
für erlaubt hielten, wenn der nichtchristliche Theil sich
der Trauung unterwerfen wolle.

In dieser Ueberzeugung suchte ich die Trauung bei
einem christlichen Geistlichen nach. Derjenige, der mir
am nächsten stand, war der Divisionsprediger Dr. Rupp.
Rupp verweigerte die Trauung, weil sie der bisher
üblichen Observanz widerspreche. Es war dies im
October 1844. Jedenfalls plante Rupp damals schon
seinen wichtigen Schritt, sich von der Kanzel vom athanasianischen Symbol loszusagen. Er sah einen entscheidenden Conflict mit dem Consistorium voraus, und man
kann ihm nicht Unrecht geben — was ich damals allerdings nicht vorauszusehen vermochte — daß er die nach
seiner Ansicht wichtigere Sache nicht mit einer anderen

compliciren wollte, die ihm an Wichtigkeit nachzustehen schien. So hatte ich denn im Instanzenzuge vermöge einer wunderbaren Ironie der Verhältnisse mich über Rupp bei dem Consistorium zu beschweren und dieses gab natürlich in diesem Falle Rupp vollkommen Recht. Dies geschah am 1. November 1844. Rupps berühmte Predigt datirt vom 29. December 1844. Eine Beschwerde beim Cultusminister Eichhorn, die nicht mehr dahin gerichtet war, Dr. Rupp zur Vollziehung des verweigerten Aufgebotes anzuhalten, sondern nur — nach einer inzwischen an mich ergangenen Erklärung Rupps — ihn zu diesem Acte zu autorisiren, hatte zunächst den Erfolg, daß der Minister behufs einer Entscheidung mit dem Justizminister in Verbindung trat. Der definitive Bescheid vom 21. März 1845 aber lautete ablehnend. Eine Immediateingabe an den König hatte ebenfalls keinen Erfolg (d. 10. Mai 1845). Inzwischen war der Provinziallandtag der Provinz Preußen zusammengetreten. Magistrat und Stadtverordnete der Städte Königsberg und Graudenz hatten dem Landtage eine Petition eingereicht, der Regierung die Gestattung der Ehen zwischen Christen und Juden vorzuschlagen. Der Landtag beschloß, nur deshalb dem Könige keine Denkschrift vorzulegen, weil die preußischen Gesetze ein Verbot solcher Ehen nicht enthalten, und

dem Landtage kein Fall bekannt sei, in dem die Ein=
gehung einer solchen Ehe auf Hindernisse stieß. Diese
Thatsache bewog mich, mich noch einmal an König
Friedrich Wilhelm IV. zu wenden. Die Antwort durch
den Oberpräsidenten Bötticher, am 12. Juni 1845 er=
folgt, lautete wiederum ablehnend.

Durch alle diese Vorgänge war das nach meiner
Ueberzeugung mir zur Seite stehende Gesetz nicht aus
der Welt geschafft. Ihm allein beschlossen wir zu folgen.
So gingen wir in Begleitung des Vaters der Braut
nach England und die Trauung ward am 26. Juli
1846 in der Dreieinigkeitskathedrale zu Hull nach dem
Ritus der anglikanischen Kirche anstandlos vollzogen,
wie derartige Ehen in England allgemein in die Sitte
übergegangen sind und ein unübersteigliches Hinderniß
gegen die Wiedererweckung des mittelalterlichen Religions=
hasses geworden sind, wie er unser Vaterland selbst noch
in unseren Tagen vor der ganzen gebildeten Welt
entehrt.

Wir konnten uns keinen Augenblick darüber Illu=
sionen hingeben, daß die nunmehr vollzogene Ehe vor
den Angriffen der Staatsgewalt sicher sein werde. Aber
die Sache mußte nunmehr vor den Richter gelangen
und das hielten wir damals für eine sichere Schutzwehr.
Kaum heimgekehrt, erhielten wir eine Klage des „Staats=

anwalts für Ehesachen", Stadtgerichtsdirector Reuter,
vom 15. September 1846. Herr Reuter war damals
schon Vieles. Er war Stadtgerichtsdirector, Censor —
als solchen haben wir ihn bereits kennen gelernt —
und jetzt auch Staatsanwalt für Ehesachen. Als solcher
hatte er nach dem neuesten Gesetz Friedrich Wilhelms IV.
ungültige und nichtige Ehen anzufechten. Das ent-
scheidende Gericht war ein besonders constituirter Gerichtshof: in erster Instanz der Ehesenat des Oberlandesgerichts, in zweiter der Appellationssenat für
Ehesachen des Tribunals des Königreichs Preußen. Die
Revisionsinstanz war das Geheim = Obertribunal in
Berlin. Der Staatsanwalt beantragte in seiner Klage-
schrift, die Nichtigkeit der Ehe durch Erkenntniß aus-
zusprechen und zwar sei formell die Ehe nichtig, weil
sie ein nicht durch preußische Ordination dazu berufener
Geistlicher, sondern ein Geistlicher der anglikanischen
Kirche eingesegnet habe, materiell, weil nach preußischen
Gesetzen Ehen zwischen Christen und Juden verboten
seien. Endlich beantragte er die Verurtheilung zu einer
in den Gesetzen für den Fall angedrohten fiskalischen
Geldstrafe, wenn Jemand, um die Landesgesetze zu um-
gehen, sich im Auslande trauen läßt. Zum Beweise
seiner Ansprüche beruft sich der Staatsanwalt, wenn
der Richter es für nothwendig halten sollte, auf zwei

sachverständige Gutachten: 1. des Consistoriums, ob sich ein Jude christlichen Ehegesetzen unterwerfen könne. 2. des Oberlandesrabbiners in Berlin (ein solcher existirte gar nicht), über dieselbe Frage, soweit sie jüdische Religionsgrundsätze betraf.

Unser Schicksal hing also von zwei theologischen Abhandlungen ab, wenn der Ehesenat auf diesen Antrag einging. Man denkt unwillkürlich an das erschütternde Goethe'sche Wort:

> Opfer fallen hier,
> Weder Lamm noch Stier,
> Aber Menschenopfer unerhört.

Und der Ehesenat ging auf diesen Antrag ein. In dem Termine vom 26. November 1846 entschied der Ehesenat, daß er sich noch nicht für genügend unterrichtet halte, um über den Fall zu entscheiden. Zunächst hätte der Senat beschlossen, in Betreff der formellen Giltigkeit der Ehe die englischen Gesetze als maßgebend anzuerkennen, in Betreff der materiellen die preußischen. In letzterer Beziehung sei also die Frage, ob sich Juden nach den Grundsätzen ihrer Religion christlichen Ehegesetzen unterwerfen dürften. Hier habe der Staatsanwalt den Beweis zu führen. Was er bisher vorgebracht, habe nicht hingereicht, den Richter zu überzeugen. Die beiden beantragten Gutachten seien daher einzuholen, dann werde ein Schlußtermin anberaumt werden.

Die Angelegenheit hatte nach diesem gerichtlichen Beschlusse die wünschenswerthe Klarheit gewonnen. Wenn man erwog, daß das damalige Consistorium die orthodoxeste Auffassung vertrat und in Betreff eines Rabbiners eine andere Prognose auch mit Grund nicht gestellt werden konnte, so war der Inhalt der Gutachten vorherzusehen. Die Sache war entschieden, das Urtheil nur vertagt, aber in Wahrheit bereits gesprochen.

Das Gutachten des damaligen Consistoriums datirte vom 27. Januar 1847. Unterzeichnet war es: Bötticher. Sartorius. Lehnerdt. Das Gutachten verwirft solche Ehen unbedingt, da das Hauptprincip des Judenthums Isolirung von allen anderen Völkern, Verwerfung des Christenthums, Haß gegen die Christen sei. Als Beweise dienen Citate aus dem Talmud und Berufung auf Eisenmengers „entdecktes Judenthum" (man sollte es nicht für möglich halten; Eisenmengers Buch aus dem Anfang des vorigen Jahrhunderts ist eine der berüchtigtesten Schmähschriften), allerdings mit sanfter Verwahrung gegen Eisenmengers Expectorationen und zu stark aufgetragene Farben, aber doch unter der Anerkennung, daß Jeder, der sehen wolle, sich daraus ein Bild vom talmudischen Judenthum machen könne. Das

einzige chriſtliche Ehegeſetz, das das Conſiſtorium anzu=
führen weiß, iſt die chriſtliche Trauung.

Das Gutachten des Rabbiners Oettinger in Berlin
vom 9. März 1847 kennt keine beſonderen chriſtlichen
Ehegeſetze, da die allgemeinen ſittlichen beiden Confeſſionen
gemeinſam ſeien. Verſtehe man darunter die chriſtliche
Trauung, ſo könne ſich ihr kein Jude unterwerfen.
Gegen Citate aus Eiſenmenger verwahrt ſich der Berliner
Rabbiner. Alle ſeine Citate aus dem Talmud gehörten
dem für Juden nicht verbindlichen Theile des Talmud
an. Die Formel der jüdiſchen Trauung ſei jedoch für
jeden Juden unerläßlich, ohne ſie gebe es keine voll=
gültige Ehe. Er würde demnach auch eine in Holland
oder Frankreich geſchloſſene Civilehe für eine vollgiltige
nach ſeinem religiöſen Standpunkte nicht halten. Wir
reichten nunmehr am 10. April 1847 noch ein Gutachten
eines namhaften Gelehrten, des Großherzoglich Mecklen=
burg=Schwerinſchen Landesrabbiners Dr. Holdheim ein,
das auf drei mit großer Gelehrſamkeit begründete Schlüſſe
hinauskam: Die Ehe iſt im Judenthum weſentlich Civil=
ehe. — Die Ehe mit Nichtjuden iſt nach dem gegen=
wärtigen religiöſen Bewußtſein der Juden unzweifel=
haft geſtattet. — Der chriſtlichen Trauung kann ſich
ein Jude unterwerfen, da ſeine ganze Thätigkeit bei
derſelben im Ausſprechen eines ſittlichen Gelöbniſſes

besteht, und die kirchliche Farbe des Trauungsformulares als dem christlichen Theile geltend betrachtet werden muß.

Der für unser erleuchtetes Jahrhundert wahrhaft entsetzliche Eingriff in die persönliche Gewissensfreiheit, welcher in der ganzen Procedur lag, geht dem Bewußtsein des Lesers verloren, wenn man die Sache nicht ihrer juristischen und theologischen Enveloppen entkleidet und in die Sprache der natürlichen und unzerstörbaren Menschenrechte zurücküberseßt. Die nackte Realität der Thatsachen wird am besten durch folgenden Dialog erläutert.

A. Ich bin mit meiner Gattin in bester Seelenharmonie. Wir lieben und achten uns als Menschen. In der Verschiedenheit der confessionellen Namen, die uns der Zufall der Geburt gab, haben wir keinen Augenblick ein Hinderniß gesehen, in Liebe und inniger Zugehörigkeit unsere Erdentage unzertrennlich durchzuleben.

B. Du bist im Irrthum. Du mußt nach den Grundsäßen Deiner Religion jeden Christen hassen und weit von Dir weisen.

A. Aber, mein Gott! ich hasse ja keinen Menschen. Ich liebe Alle als meine Mitmenschen. Menschenliebe ist mir höchstes und alleiniges Gebot. Und so denkt ja auch die überwiegende Mehrzahl der heutigen Juden. Sie sind doch Söhne des 19. Jahrhunderts, Menschen von Fleisch und Blut, keine vorsündfluthlichen Gespenster.

B. Aber zwei sachverständige Gutachten haben Dir doch bewiesen, das eine, daß Du Christen hassen sollst, das andere, daß Du Dich keiner christlichen Trauung unterwerfen darfst.

A. Sachverständige Gutachten? Wenn ich liebe, ist mein Herz der einzige Sachverständige.

B. Aber lies doch den Talmud! Dort wirst Du geschildert.

A. Ich dort geschildert? Ich kenne den Talmud gar nicht und er kennt mich und mein Jahrhundert nicht.

B. Aber Du solltest ihn kennen.

A. Ich trage darnach wenig Verlangen. Ich ziehe Homer, Shakspeare und Goethe vor.

B. Das sind so Deine modernen Abgöttereien, die man Dir austreiben wird. Du leidest an einem Irrthum, nämlich, daß Du eine Person mit persönlichen Rechten seist. Du bist nur ein Begriff, den sachverständige Gutachten regelrecht construiren werden.

A. Aber Suarez? Einer der Verfasser des Landrechts. Er hat, was ich that, meinem persönlichen Willen überlassen.

B. Suarez, der gottlose Sohn des Jahrhunderts der Aufklärung! Zudem irrt er. Quandoque bonus dormitat Homerus.

A. Hältst Du denn das ganze Verfahren in unserem Jahrhundert für moralisch möglich? Was sollen die civilisirten Völker von uns, der Nation der Denker, halten?

B. Für möglich? Nicht allein für möglich, sondern auch sehr wirklich. Was die civilisirten Völker von uns denken, ist uns gleichgiltig. In einem wohlgeordneten Staate mag Jeder glauben, was er will. Aber, wenn er persönliche Rechte haben will, so werden sachverständige Theologen darüber entscheiden, was er glauben sollte und ob sein Glaube der richtige ist.

A. Wir sprechen zwei verschiedene Sprachen. Die meine ist Dir unverständlich; die Deine verstehe ich wohl, aber sie ist eine todte Sprache.

B. Hast Du noch nicht gemerkt, daß es eine sehr lebendige ist?

Heutzutage sind die Todten auferstanden.

Am 31. Mai 1847 fällte der Ehesenat des Oberlandesgerichts des Erkenntniß.

In der öffentlichen Verhandlung erregte eine für den Staatsanwalt sehr peinliche Scene allgemeines Auf-

sehen. Ich hatte von einem unserer berühmtesten Rechts-
anwälte — er ist längst gestorben — zuverlässige
Kunde erhalten, daß der Rechtsanwalt die merkwürdige
Behauptung aufstellen werde, daß die anglikanische Kirche
die Trauung zwischen Christen und Juden nicht gestatte.
Kein Geistlicher dieser Kirche könne daher wissentlich die
angefochtene Ehe eingesegnet haben. Es bleibe nur die
Vermuthung, daß ich mich dort für einen Christen aus-
gegeben habe. Ich wollte dieser Mittheilung anfangs
keinen Glauben schenken. Die Sache war zu ungeheuerlich.
Jeder Jurist, ja! jeder Privatmann hatte Mittel und
Wege, sich über den Standpunkt der englischen Gesetze
in Betreff der Angelegenheit sichere Kenntniß zu verschaffen. Bedurfte der Staatsanwalt andererseits, wenn
er wirklich an die Güte seiner Sache glaubte, so ge-
hässiger Mittel? Und welche Psychologie! Darum also
im Inlande diese Festigkeit und Consequenz in Ab-
lehnung eines überzeugungslosen Uebertritts, um mich
in England betrügerisch für übergetreten auszugeben!
Jedenfalls blieb mir bis zum Termin Zeit, mir aus
England völlig überzeugende und einwandfreie urkund-
liche Zeugnisse beider betheiligten Geistlichen über die
Kenntniß meiner Confession und ein Rechtsgutachten
eines englischen Rechtsgelehrten, sämmtlich mit vom
preußischen Consul in Hull beglaubigter Uebersetzung und

Unterschrift versehen, zum etwa nothwendigen Gebrauche zu verschaffen. Hierüber wurde das tiefste Stillschweigen beobachtet. Das von mir noch bis zum letzten Augenblicke Bezweifelte geschah. In der That brachte der Staats=anwalt seine Verdächtigung vor, der er noch als anderen Theil der Alternative die geschmackvolle Vermuthung hinzufügte, daß wenn seine erste Verdächtigung nicht zu=treffen sollte, vielleicht die verklagte Ehefrau einem Anderen angetraut sei. Das war denn aller=dings zuviel. Ich überreichte sämmtliche Urkunden dem Präsidenten, nachdem ich sie verlesen, und sprach die Erwartung aus, daß der Staatsanwalt nach der Lehre, die er soeben empfangen, vor einer weiteren Antastung meiner persönlichen Ehre sich gewarnt fühlen werde. Aller Augen richteten sich auf den Staatsanwalt. Mit ausdrucksvollem Schweigen saß er da, und kritzelte mit einer Feder über das Papier. Später replicirte er, daß er die eingereichten Documente nicht anerkenne. Er hatte sie nicht einmal angesehen und der Gerichtshof ging über den ganzen Zwischenfall hinweg, ohne den eventuellen Antrag des Staatsanwalts, Rercherchen durch den preußischen Gesandten anstellen zu lassen, zu be=rücksichtigen.

In den weiteren Plaidoyer hatte ich ausgeführt, daß das Consistorium über das Judenthum vom Stand=

punkte des Mittelalters urtheile, daß es die heutigen
Juden gar nicht kenne, daß ein Urtheil über das Christenthum, von einem ähnlichen Standpunkte unternommen,
das sich etwa auf die Schriften den Jesuiten über die
Heiligkeit des Eides, über Königsmord, Treubruch gegen
Ketzer berufen wollte, allgemeiner Entrüstung begegnen würde. — Was die Behauptung betreffe, daß die
kirchliche Trauung ein christliches Ehegesetz sei, so ward
nachgewiesen, daß die kirchliche Trauung, von der die
Bibel nichts enthalte, erst im 9. Jahrhundert n. Chr.
vom Staate als Gesetz vorgeschrieben sei. Im ganzen
Mittelalter erkannte die Kirche den Grundsatz an, daß
die Ehe an sich schon ohne weitere kirchliche Form durch
bloße Einwilligung vollendet sei. Selbst das Tridentiner
Concil, das dreimaliges Aufgebot, gegenseitige Einwilligung und priesterliche Einsegnung vorschreibt, hielt
nur die gegenseitige Einwilligung für eine wesentliche
Bedingung. Die priesterliche Trauung sei demnach unzweifelhaft eine Bestimmung der evangelischen Kirche, eine
Anordnung des preußischen bürgerlichen Gesetzbuches, aber
kein christliches Ehegesetz.

Die Sentenz des Ehesenats ging dahin, daß die
Ehe formell giltig geschlossen sei, da wider die Ansicht
des Staatsanwalts die anglikanische Kirche als eine
evangelische, ihre Geistlichen als vollberechtigt zu erachten

seien, materiell sei die Ehe wegen Religionsver-
schiedenheiten für nichtig zu erklären, der Antrag des
Staatsanwalts, auf eine fiskalische Geldstrafe zu erkennen, sei abzuweisen, da Verklagte in gutem Glauben
gehandelt, daß die preußischen Gesetze kein Verbot der
von ihnen beabsichtigten Eheschließung enthielten.

Viel merkwürdiger, als die Sentenz, waren die
Erkenntnißgründe. Sie erregten in der juristischen Welt
ein maßloses Aufsehen; denn die Sprache, die sie führten,
war für ein gerichtliches Erkenntniß neu und bis dahin
nicht erhört. Verfasser des Erkenntnisses war Oberlandesgerichtsrath Dr. Förster, ein Mann von hyper-
orthodoxer Richtung. Ich hatte die Actenstücke der ersten
Instanz alsbald herausgegeben (Hamburg, Hoffmann &
Comp.) Sie wurden von Juristen viel gelesen.

Der Leser wird es heute für unglaublich halten,
daß zwei Stellen, wie ich sie anführen werde, wirklich
in einer gerichtlichen Erkenntnisse sich vorfinden konnten.
Glücklicher Weise kann ich ihre Authenticität durch das
Original erweisen.

Der Verfasser des Erkenntnisses hat bereits die
gesammten Erkenntnißgründe angeführt und seine Aufgabe ist vollendet. Da fügt er noch ganz ungewöhn-
licher Weise eine Abhandlung bei, in der er sich vor-
setzt, einige meiner literarischen Bemerkungen zu be-

leuchten und „der Seltenheit des Falls wegen eine kurze psychologische Betrachtung anzuknüpfen". Der Verfasser erläutert nun die Bestimmungen des Talmud in Betreff der Ehe unter Berufung auf Eisenmenger. Unter anderen Stellen citirt er: „Ein Jude, der eine Nichtjüdin sich antraut u. s. w. soll mit Züchtigung bestraft werden und geschmackvoll fügt er hinzu: fiat applicatio!

Gegenüber meinen Citaten aus Luther:

„Die fünfte (angebliche) Ursache eines Ehehindernisses ist Unglaube, nämlich, daß ich keine Türkin, Jüdin oder Ketzerin nehmen mag. Mich wundert, daß sich die Freveltyrannen nicht in ihr Herz schämen, so öffentlich wider den hellen Text Pauli I. Corinther sich zu setzen, da er spricht u. s. w.

oder

„Drum wisse, daß die Ehe ein äußerlich lieblich Ding ist, wie andere, weltliche Handthierung. Wie ich nun mag mit einem Heiden, Juden, Türken, Ketzer essen, trinken, schlafen, gehen, reiten, kaufen, reden und handeln: also mag ich auch mit ihm ehelich werden und bleiben. Und kehre Dich an der Narren Gesetze, die Solches verbieten, nicht u. s. w.

Gegenüber diesen Citaten sagt der Verfasser des Er=
kentnisses wörtlich: „Eine Stelle desselben (Luther),
die sie nicht erwähnen, ist aber folgende: „Wisse,
lieber Christ, und zweifle nicht daran, daß du zunächst
dem Teufel keinen bitteren, heftigeren Feind habest, als
einen rechten Juden, der mit Ernst ein Jude sein will.
Es mögen vielleicht viele unter ihnen sein, die da glauben,
was die Kuh oder Gans glaubt, doch hängt ihnen allen
das Geblüt an. Daher giebt man ihnen oft in Historien
Schuld, daß sie die Brunnen vergiftet, Kinder
gestohlen und gepfriemt haben, wie zu Trient,
Weißensee u. s. w. Sie sagen wohl „Nein“ dazu, aber
es sei oder nicht, so weiß ich wohl, daß am vollen,
ganzen, breiten Willen bei ihnen nicht fehlt, wo sie mit
der That dazu können, heimlich oder offenbar; deß ver=
sichre Dich gewißlich und richte dich danach u. s. w.
und der Verfasser des Erkenntnisses fügt hinzu:

„So liefert der Reformator des Katholicismus,
der die Ketten des Papstthums brach, einen
Beitrag für die neuen, philanthropischen Liebhaber
der Judenemancipation“

Nun folgt in Parenthese die Anführung meiner Schriften
über Emancipation. Es scheint mir von einiger
Wichtigkeit, derartige, ungaubliche Dinge der Ver=
gessenheit zu entreißen.

So war die erste Instanz verloren. Ich hatte mich so intim mit der juristischen und theologischen Seite der Sache beschäftigt, daß mir mein Anwalt die mündliche Vertheidigung und die Anfertigung der Schriftsätze völlig überließ. Wenn ich heute die Akten durchblättere, bin ich über die Schärfe der Sprache erstaunt, welche von dem Vorsitzenden gegen Staatsanwalt und Consistorium gestattet wurde. Es lag im Schwunge der Zeit, daß wir vom Vorgefühl des Sieges getragen wurden. Die Unterlegenen von heute hofften wir die Sieger von morgen zu sein, und die Sieger von heute wurden von der Ahnung niedergedrückt, daß sie die Unterlegenen von morgen sein würden. Denn keine Kunst juristischer Interpretation konnte über die Thatsache forthelfen, daß auf unserer Seite das höhere Recht, die Vernunft, die Bildung der Zeit seien und daß es unter allen Umständen eine harte und unsäglich traurige Sache sei, eine bestehende glückliche Ehe aus gegenstandlosen und veralteten theologischen Vorstellungen zu zerreißen.

Ehe wir vor die zweite Instanz, den Appelationssenat des Tribunals des Königreichs Preußen für Ehesachen gelangten, hatte der im April 1847 in Berlin versammelte Vereinigte Landtag einen Paragraphen des inzwischen publicirten Gesetzes über die Verhältnisse der Juden mit der Bitte an den König amendirt, die Civilehe zwischen Christen und Juden zu gestatten, (24. Juni 1847). Der Landtagsabschied weist diesen Antrag an dieser Stelle ab, da er in das Eherecht gehöre.

Am 28. October 1847 verfügte der Appellations= senat für Ehesachen, daß, da es sich nur um Rechts= ausführungen handle, das Erscheinen der Parteien vor dem Richter unnöthig sei, eine mündliche Verhandlung also nicht stattfinden und die Entscheidung auf den schriftlichen Vortrag zweier Referenten erfolgen werde.

Am 1. November 1847 remonstrirten wir gegen diese Verfügung als Beschränkung unserer Vertheidigung und am 5. November nahm der Appellationssenat seine Verfügung zurück und beraumte den Termin zur münd= lichen Verhandlung auf den 30. November 1847 an. In sehr würdiger, ruhiger, durch keinen Zwischenfall ge= trübter Weise fand die Verhandlung statt. Nach vollen= detem Plaidoyer berieth der Gerichtshof $1\frac{1}{2}$ Stunden lang. Unter den Richtern befand sich auch Dr. Simson, der gegenwärtige Reichsgerichtspräsident, der in der lebhaftesten und energischsten Weise für Abweisung des Staatsanwalts und Aufrechterhaltung der Ehe eintrat. Aber ohne Erfolg. Der Appellationssenat bestätigte das Erkenntniß erster Instanz (wie das Gerücht besagte,

mit 6 gegen 3 Stimmen). Auf eine Succumbenz-
strafe (Strafe wegen ungerechtfertigter Appellation),
wurde jedoch nicht erkannt, da „die ungenaue Fassung
des entscheidenden § 36 (Allgem. Landrecht, Thl. II.
Tit. 1), allerdings zu den erheblichsten Zweifeln
Veranlassung giebt."

So war auch die zweite Instanz verloren. Uns
blieb die Revisionsinstanz, das Geh. Obertribunal in
Berlin. Alle zu Rathe gezogenen Sachverständigen
hatten uns für die beiden ersten Instanzen, deren Rechts-
grundsätze sie kannten, keine Hoffnung auf andere Ent-
scheidungen, als die ergangenen, gemacht. Die Möglichkeit, ja! Wahrscheinlichkeit einer anderen, günstigen Entscheidung erwarteten sie jedoch vom Obertribunal. Zu
einer solchen Entscheidung in der Sache selbst sollte es
aber nicht kommen. Am 28. December 1847 meldeten
wir die Revision an. Ehe es nach Begründung derselben und der Replik des Staatsanwalts zur Anberaumung eines Audienztermins kommen konnte, waren
die Märzereignisse des Jahres 1848 eingetreten. Das
Obertribunal zauderte darauf mit der Anberaumung eines
Termins, da eine Abänderung der Gesetzgebung mit
rückwirkender Kraft zu erwarten war. Endlich ward
der Termin auf den 30. October 1848 anberaumt, aber
auf den Antrag beider Parteien wieder aufgehoben,

jedoch ein neuer Termin auf den 18. December 1848 angesetzt. Bereits am 9. October 1848 hatten die Abgeordneten der Nationalversammlung Dr. Joh. Jacoby, Temme und D'Ester einen schleunigen Antrag eingebracht, den in Rede stehenden § 36 des Allgemeinen Landrechts Thl. II, Tit. 1 aufzuheben, „da er im schneidenden Widerspruche mit dem sittlichen und politischen Bewußtsein unserer Zeit stehe" und die Aufhebung auch auf die vor derselben geschlossenen Ehen Anwendung finden zu lassen. Die Justizcommission der Nationalversammlung erstattete unter dem 26. October 1848 schriftlichen Bericht. Berichterstatter war Reichensperger. Der in der Commission erschienene Commissar des Justizministeriums erklärte sich mit dem Princip des Antrags einverstanden, rieth aber bis zum nahen (!) Erlaß des Gesetzes über Einführung von Civilstandsregistern zu warten. Das lehnte die Commission ab und nahm einen Gesetzentwurf an, durch den die Ehehindernisse wegen Verschiedenheit der Religion und des Standes aufgehoben wurden. Die rückwirkende Kraft dieser Bestimmung wurde wegen etwaiger mißlicher Folgen in einzelnen Fällen mit Stimmengleichheit abgelehnt, aber ein entsprechender Paragraph, wenn die Nationalversammlung anderer Meinung sein sollte, eventuell angenommen. Zur Berathung des Antrags im Plenum der

Nationalversammlung kam es bis zur Auflösung der=
selben nicht mehr.

Dagegen erließ der Justizminister am 29. October
1848 eine Verfügung an das Obertribunal, den Termin
vom 30. October in unserer Sache zu vertagen, da der
Staatsanwalt angewiesen werden würde, „das Verfahren
einstweilen zu sistiren."

Die Gefahr dieser Verfügung für unsere Sache,
die Gefahr einstweiliger Unterbrechung des Rechtsver=
fahrens und voraussichtlicher Wiederaufnahme zu ge=
legener Zeit wurde von uns keinen Augenblick verkannt,
aber das Obertribunal selbst remonstrirte von Amts=
wegen gegen diese Verfügung, da nach der geltenden
Civilproceßordnung ein rechtsanhängiges Verfahren nicht
sistirt, sondern nur durch Urtel und Recht oder aber
durch Zurücknehmen der Klage resp. des klägerischen
Anspruchs beendet werden könne. Wohl hob das Ober=
tribunal auch den bereits auf den 12. December 1848
festgesetzten Termin auf, setzte aber einen neuen auf den
12. März 1849 an.

Am 15. December 1848 nahm nunmehr der Staats=
anwalt auf Verfügung des Justizministers die Klage
zurück, weil sie in der Gesetzgebung (Verfassung vom
5. December 1848) ihre Erledigung gefunden habe.
Hiermit erklärten wir uns nicht für befriedigt, da eine

zurückgenommene Klage wieder aufgenommen werden könne, beantragten vielmehr bei dem Obertribunal, den Staatsanwalt aufzufordern, auch dem Fundament und Grunde seiner Klage mit bestimmten Worten zu entsagen.

Der Staatsanwalt erklärte darauf am 12. März 1849, daß er durch Art. 11 der Verfassung vom 5. December 1848:

> Der Genuß der bürgerlichen und staatsbürgerlichen Rechte ist unabhängig von dem religiösen Bekenntnisse und der Theilnahme an irgend einer Religionsgesellschaft.

den eingeklagten Anspruch für erledigt und den Klagegrund als jetzt beseitigt anerkenne.

Das Obertribunal hob darauf den Termin zum 12. März 1849 auf, und stellte uns Feststellung der Erklärung des Staatsanwalts durch gerichtliches Erkenntniß anheim, worauf wir nunmehr förmlich antrugen.

Am 8. October 1849 erkannte das Obertribunal unter dem Vorsitze des früheren Justizministers Mühler, damals Chefpräsidenten des Obertribunals, daß es bei der Erklärung des Staatsanwalts vom 12. März 1849 (die wörtlich wiederholt wurde) sein Bewenden behalte, und die Erkenntnisse erster und zweiter Instanz außer Kraft zu setzen seien.

So endete dicht an der Schwelle der finstersten
Reaction unsere Leidensgeschichte. Die mehr als drei-
jährige Dauer dieses Proceßverfahrens zu ertragen und
zu überstehen: dazu verhalf uns die Frische der Jugend,
das Bewußtsein des Rechts und die ermuthigende Zustimmung aller Guten. Die heute Lebenden aber, welche
der Möglichkeit eines solchen pein- und sorgenvollen
Verfahrens vermöge der heute geltenden Gesetze über-
hoben sind, mögen daraus den Segen der Civilehe voll
und ganz würdigen lernen.

XVIII.

Epilog.

Nicht der Dichter allein steht „auf einer höheren Warte, als auf der Zinne der Partei"; noch in höherem Maße der Geschichtschreiber, der weite Zeiträume überblickt und die Erfahrung aller Zeiten zu verwerthen vermag.

Der Frühlingssturm des Jahres 1848 fuhr über drei Hauptstädte dahin. Wäre es einem Weisen, einem Manne von weitem Blick und umfassender Erfahrung beschieden, den Lebenslauf der Völker zu bestimmen und zu leiten: er würde lehren, daß nur Bildung, Bildung der Intelligenz und des Charakters, unentwegtes Ausharren, zähes Festhalten eine dauernde und verständige Freiheit zu erringen vermag, daß die friedliche, moralische Macht, welche eine einmüthige Nation ausübt, wachsend und sich ausbreitend, zuletzt jeden Widerstand über=

windet und Bleibendes sich erwirbt, während ein Volk
in revolutionärer Erhebung dem Hazardspieler gleicht,
der im Augenblicke ein großes Vermögen gewinnt, um
es im nächsten zu verlieren und noch einen großen Theil
dessen, was er zuvor besaß. Aber in der Geschichte
gelten pädagogische Lehren nicht. Es ist nicht Weisheit,
welche die Laufbahn der Völker regiert; ein weit mächtigerer
Factor ist die Leidenschaft.

Und so unterliegt Verlauf und Ende jeder revo=
lutionären Bewegung festen, historischen Gesetzen. Nicht
Diejenigen, welche die Bewegung begannen, setzen sie
auch fort und beenden sie. Bald sind sie von Denen
verdrängt, welche radicalere Ziele verfolgen. Die Politik
der Straße wird im Permanenz erklärt; ein Straßen=
parlament accompagnirt, kritisirt und straft die legitime
parlamentarische Versammlung. Unruhe und Un=
sicherheit überall, bis die breite Masse der Bürgerschaft
eine Freiheit ohne Ordnung für schrecklicher und un=
heimlicher zu halten beginnt, als eine Ordnung ohne
Freiheit. Auf diesen Moment wartete die unterlegene
und verdrängte Macht; bald darf sie die Stunde der
Entscheidung gekommen glauben. Jetzt erhebt sie sich
und siegt. Noch läßt sie die Errungenschaften der
Erhebung in formellem Bestande; allmälig ändert und
streicht und interpretirt sie hier und dort, und nichts

bleibt, als Trümmer von Verfassungsparagraphen, werth=
los, ohne Ausführungsgesetze, und parlamentarische
Körperschaften ohne Einfluß und Ansehen. In der
Jammerzeit von 1851 bis 1858 waren zweite und erste
Kammer thatsächlich auf das Niveau der Drei=Stände=
Kurie und Herrenkurie des vereinigten Landtags rebucirt.
Das gesprochene und geschriebene Wort stand unter
weit härterem Drucke als in der vormärzlichen Zeit,
und vor Allem Muth, Frische und Selbstvertrauen
waren gebrochen und verkommen.

So mag es gekommen sein, daß kein Gedenktag
schneller aus den Anschauungen und der Feier der Nation
verschwand, als der 18. März 1848, und kein Kultus
gründlicher erblaßte als der Kultus der Barrikade. Als
im Jahre 1873 die liberalen Wahlvorstände Berlins
sich an die Fortschrittspartei des Abgeordnetenhauses
mit der Bitte wendeten, mit ihnen gemeinsam die fünf=
undzwanzigjährige Wiederkehr des März zu feiern,
empfingen sie die Antwort, die Partei sei eine Partei
der Gesetzlichkeit und nicht der Revolution. Und als
doch eine gemeinsame Berathung zu Stande kam, be=
schloß man, von jeder Feier Abstand zu nehmen.

Was sodann in den letzten drei Decennien Großes
und Entscheidendes zu Stande kam, hatte seine Initiative
von oben. Es war der Prinz=Regent, der im Jahre

1858 die traurige Mißregierung der vorhergehenden
sieben Jahre mit entschieden eingreifender Hand stürzte,
eine Mißregierung, die für eine große Nation um so
beschämender war, als sie, von mittelmäßigen Geistern
getragen, mit dem inneren Drucke die Ohnmacht nach
außen verband, auf die innere Reaktion noch den un=
säglich traurigen Tag von Olmütz setzte. Er war so=
dann nach der Episode des schnell vergessenen Mißver=
ständnisses der Conflictszeit, in der die Opposition das
formelle, gesetzliche Recht für sich in Anspruch nehmen
konnte, wiederum die Staatsleitung, welche die sorgsam
vorbereitete Waffe in sicherer Hand, die Nation zur
Gründung der deutschen Reichseinheit aufrief, die ver=
haßtesten kleinen Dynastien Deutschlands stürzte und
den bei Weitem größten Theil der Nation zu einem
Parlament mit dem freiesten Wahlgesetze der Welt ver=
einigte: eine wahre Revolution von oben, wie sie Waldeck
mit Recht nannte, im Verlaufe ganz anders geartet als
Revolutionen von unten, weil eine zielbewußte Hand
vom Beginn bis zum Ende die gesammelte Kraft in
der Hand behält, Wege und Ziele bestimmt und vorge=
faßte Pläne consequent durchführt. Ihre Devise ist die
Devise des großen Oraniers, der die Freiheit Altenglands
rettete, indem er dem Rechte die Macht zuführte, jenes
stolze Wort: je maintiendrai. Die so gehobene und

gefestete Nation konnte bereits vier Jahre später ge=
trosten Muthes in den Existenzkampf gehen, dessen
Siegespreis mehr als der trügerische Milliardensegen,
mehr als Elsaß und Lothringen, dessen Siegespreis
Kaiser und Reich waren. Es wird keine Zukunft geben,
in der man nicht die Größe des Errungenen würdigen
und bewundern wird, ja! die Größe des Eindrucks wird
noch mit der Zeitentfernung wachsen, keine Zukunft, in
der man nicht Diejenigen beneiden wird, welche die Er=
füllung des Traumes der Besten im Volke mit Ver=
ständniß erlebten, als uns das Höchste beschieden ward,
was einem Volke zu Theil werden kann, ein Vaterland,
ein gesichertes Vaterland statt eines geographischen
Begriffs.

Aber — setzen wir hinzu — ein freies Vaterland.
Dies Beiwort erst giebt dem Vaterlande erhöhten Werth.
Freiheit in Wort und Schrift, Freiheit des individuellen
Gewissens, freie Wahl im Kreise, der Provinz, dem
Staate, dem Reiche, freies Spiel der wirthschaftlichen
Kräfte, die im socialistischen und Innungszwange er=
lahmen und verkümmern müßten. Und vergessen wir
niemals: keiner Nation ergeht es schlechter, als sie es
verdient. Was Trübes und Rückschrittliches in den
letzten Jahren zu Stande kam, es ging immer aus einer
Mehrheit der Parlamente hervor, und keine Wahlbe=

einflussung vermag in einem intelligenten und sittlich freien Volke eine Mehrheit herauszukünsteln, die nicht (bis zu einem gewissen Grade) der wirkliche Ausdruck der öffentlichen Meinung ist.

Soll es besser werden, so ist das Chaos des bunten und vielgestaltigen Parteiwesens an erster Stelle zu entwirren. Hier liegt die Wurzel unserer Niederlagen. Giebt es keine einheitliche Mehrheit im Volke und den Parlamenten, setzt sich für jede Einzelfrage die Mehrheit erst aus der zufälligen Verbindung ungleicher und innerlich geschiedener Fractionen zusammen, dann ist es ein Miß= brauch des Worts, von einer öffentlichen Meinung zu reden. Es giebt wohl Meinungen, aber keine öffent= liche Meinung. Nicht immer werden große Männer an der Spitze der Nation stehen und die Mängel und die Zersplitterung des Nationalbewußtseins verdecken. Es wird die Zeit kommen, in der die freie und gesetz= liche Selbstthätigkeit des Volkes für die Erhaltung des Erworbenen, für Fortbildung unserer Institutionen un= erläßlich sein wird. Fehlt es daran: dann steigen wir unvermeidlich von der gewonnenen Höhe herunter. Und die Gefahr ist groß. Die vielbewunderte Größe des Mannes, der seine Zeit überwältigend beherrschte wie Keiner vor ihm, hat uns der eigenen Thätigkeit ent= wöhnt, und ihm Alles untergeordnet, selbst wo er irrte,

und er irrte vielfach. Der alte Stamm der Vertrauensmänner des Volkes ist im Aussterben. Der Nachwuchs
fehlt fast vollständig. Die Jugend ist matt, übersättigt
und gleichgiltig. Die Einen sind Anbeter des goldenen
Kalbes, die Anderen grundsatzlose Streber; es sind noch
die Besseren, die, freilich allen öffentlichen Interessen
entfremdet, in ästhetischem Selbstgenügen des Feuilleton
unserer Zeitungen mit den Früchten ihrer reichlichen
Muße ausstatten. Die Mannschaft fehlt wie die Führer.
Was uns allein zu trösten vermag, ist der Rückblick
auf jenen Aufschwung der vormärzlichen Zeit,
der doch der Kirchhofsruhe eines Vierteljahrhunderts
gefolgt ist, und auf den Alles zurückweist, was wir
seitdem errungen haben. Und somit wird die Schilderung
jener großen Zeit keine zwecklose gewesen sein.

Verlag von S. Schottlaender in Breslau.

1840—1870.

Dreißig Jahre deutscher Geschichte.

Vom Thronwechsel bis zur Aufrichtung des neuen deutschen
Kaiserthums. Nebst einem Rückblick auf die Zeit von
1815—1840.

Von

Karl Biedermann.

Dritte Aufl. 2 Bände. Elegant broschirt Mk. 10.—;
fein gebunden Mk. 13.—

Mein Leben und ein Stück Zeitgeschichte.

Eine Ergänzung zu des Verfassers „Dreißig Jahre deutscher Geschichte".

Von

Karl Biedermann.

Elegant broschirt Mk. 5.—; fein gebunden Mk. 6.50

Zu beziehen durch alle Buchhandlungen des In= und
Auslandes.

Im Verlage von S. Schottlaender in Breslau ist erschienen:

Bericht

über die

allgemeine deutsche Ausstellung

auf dem Gebiete der Hygiene und des Rettungswesens

unter dem Protectorate

Ihrer Majestät der Kaiserin und Königin

Berlin 1882—83.

Mit Unterstützung des Königlich Preußischen Ministeriums der geistlichen, Unterrichts- und Medicinal-Angelegenheiten

herausgegeben von

Dr. Paul Boerner in Berlin.

Mit Titelbild, Portrait, Situationsplan und vielen Text-Illustrationen.

**Compl. in 3 Bänden broschirt Mk. 45.—;
fein gebunden Mk. 52.50.**

Zu beziehen durch alle Buchhandlungen des In- und Auslandes.

Verlag von S. Schottlaender in Breslau.

Rafael.

Von
Marco Minghetti.

Aus dem Italienischen übersetzt von Sigmund Münz.

Elegant broschirt Mk. 7.50; fein gebunden Mk. 9.—.

Marco Minghetti's, des kürzlich verstorbenen italienischen Ministers, „Rafael" ist ein von den Kunstgelehrten längst als vortrefflich anerkanntes Werk. Die ausgezeichnete Uebersetzung von Sigmund Münz ist unter den Augen des Verfassers entstanden und von diesem als mustergiltig anerkannt worden.

Bilder
aus dem Leben in England.

Von
Ludwig Freiherr von Ompteda.

Mit einer Kupfer-Radirung. 318 S. Lex. 8.

Eleg. broschirt Mk. 7.50; fein gebunden in Originalband Mk. 9.—

Inhalt: Englische Landsitze; Gärten und Gärtner. — Die Trinkkrankheit in England. — Irrfahrten in London. — Ein Tag in Oxford.

Zu beziehen durch alle Buchhandlungen des In= und Auslandes.

Verlag von S. Schottlaender in Breslau.

Die zwölfte Perle.

Roman.

Von

Luise Ernesti.

(M. von Humbracht.)

3 Bände. Elegant broschirt Mk. 15.—; fein gebunden Mk. 18.—

Schottische Reiseskizzen.

Von

Franz von Holtzendorff.

Mit dem Portrait des Verfassers in Kupfer-Radirung.

Elegant broschirt Mk. 4.—; fein gebunden Mk. 5.—

Zu beziehen durch alle Buchhandlungen des In= und
Auslandes.